Dedication

To all those who ever struggled with learning a foreign language and to
Wolfgang Karfunkel

Also by Yatir Nitzany

Conversational Spanish Quick and Easy

....

Conversational French Quick and Easy

....

Conversational Italian Quick and Easy

....

Conversational Portuguese Quick and Easy

....

Conversational German Quick and Easy

....

Conversational Dutch Quick and Easy

....

Conversational Norwegian Quick and Easy

....

Conversational Danish Quick and Easy

....

Conversational Russian Quick and Easy

....

Conversational Ukrainian Quick and Easy

....

Conversational Bulgarian Quick and Easy

....

Conversational Polish Quick and Easy

....

Conversational Hebrew Quick and Easy

....

Conversational Yiddish Quick and Easy

....

Conversational Armenian Quick and Easy

....

Conversational Romanian Quick and Easy

....

Conversational Arabic Quick and Easy

....

CONVERSATIONAL BRAZILIAN PORTUGUESE QUICK AND EASY SERIES

The Most Innovative Technique To Learn the Portuguese Language

PART - 1, PART – 2, PART - 3

YATIR NITZANY

Foreword

About Myself

For many years I struggled to learn Spanish, and I still knew no more than about twenty words. Consequently, I was extremely frustrated. One day I stumbled upon this method as I was playing around with word combinations. Suddenly, I came to the realization that every language has a certain core group of words that are most commonly used and, simply by learning them, one could gain the ability to engage in quick and easy conversational Spanish.

I discovered which words those were, and I narrowed them down to three hundred and fifty that, once memorized, one could connect and create one's own sentences. The variations were and are *infinite*! By using this incredibly simple technique, I could converse at a proficient level and speak Spanish. Within a week, I astonished my Spanish-speaking friends with my newfound ability. The next semester I registered at my university for a Spanish language course, and I applied the same principles I had learned in that class (grammar, additional vocabulary, future and past tense, etc.) to those three hundred and fifty words I already had memorized, and immediately I felt as if I had grown wings and learned how to fly.

At the end of the semester, we took a class trip to San José, Costa Rica. I was like a fish in water, while the rest of my classmates were floundering and still struggling to converse. Throughout the following months, I again applied the same principle to other languages—French, Portuguese, Italian, and Arabic, all of which I now speak proficiently, thanks to this very simple technique.

This method is by far the fastest way to master quick and easy conversational language skills. There is no other technique that compares to my concept. It is effective, it worked for me, and it will work for you. Be consistent with my program, and you too will succeed the way I and many, many others have.

CONTENTS

The Portuguese Language ………………………………..…….. 8

Memorization Made Easy …………………………………..……. 9

Reading and Pronunciation in the Portuguese Language ……… 10

Portuguese – I …………………………………..…….13

Introduction to the Program …………………....……. 14

The Program …………………………………...…. 17

Building Bridges …………………………..……. 39

Other Useful Tools in the Portuguese Language …….....…43

Portuguese – II …………………………………... 45

Introduction to the Program ………………………….. 46

Travel ……………………………………....…..…. 49
Transportation …………………………....……. 53
City ……………………………………...…....…. 55
Entertainment ……………………..…….……. 59
Foods ……………………………………….. 63
Vegetables ……………………………….. 67
Fruits ……………………………………. 69
Shopping ………………………………. 71
Family ……………………………….. 75
Human Body ……………………..……. 77
Health ……………………………. 79
Emergencies and Natural Disasters ……………….. 83
Home ……………………………….. 87

Portuguese – III 93

Introduction to the Program 94

Office 97

School 101

Profession 105

Business 107

Sports 111

Outdoor Activities 113

Electrical Devices 115

Tools 117

Auto 119

Nature 121

Animals 125

Religion, Holidays, and Traditions 129

Wedding and Relationship 133

Politics 135

Military 139

Basic Grammar Requirements of the Portuguese Language 144

Congratulations, Now You Are On Your Own 148

Note from the Author 150

The Portuguese Language

Portuguese has over 200 million native speakers, and it is the sixth most common language in the world. The language originated from Latin roots and became popular after a Roman invasion of the western region of the Iberian Peninsula (the area known today as Portugal) during the third century BC. The incoming Romans blended their language with that of the natives, so Portuguese began to change. Traders of the time began to use the language, so it spread rapidly, making its way into Africa and Asia and eventually Brazil. In fact, before the language was officially modernized, it was quite unique. Today, there are more traces of Greek and Latin and fewer words from the original Portuguese language.

Spoken in: Portugal, Brazil, Angola, Mozambique, Guinea-Bissau, Cape Verde, and São Tomé and Príncipe.

Memorization Made Easy

There is no doubt the three hundred and fifty words in my program are the required essentials in order to engage in quick and easy basic conversation in any foreign language. However, some people may experience difficulty in the memorization. For this reason, I created Memorization Made Easy. This memorization technique will make this program so simple and fun that it's unbelievable! I have spread the words over the following twenty pages. Each page contains a vocabulary table of ten to fifteen words. Below every vocabulary box, sentences are composed from the words on the page that you have just studied. This aids greatly in memorization. Once you succeed in memorizing the first page, then proceed to the second page. Upon completion of the second page, go back to the first and review. Then proceed to the third page. After memorizing the third, go back to the first and second and repeat. And so on. As you continue, begin to combine words and create your own sentences in your head. Every time you proceed to the following page, you will notice words from the previous pages will be present in those simple sentences as well, because repetition is one of the most crucial aspects in learning any foreign language. Upon completion of your twenty pages, *congratulations,* you have absorbed the required words and gained a basic, quick-and-easy proficiency and you should now be able to create your own sentences and say anything you wish in the Portuguese language. This is a crash course in conversational Brazilian Portuguese, and it works!

Reading and Pronunciation

Ã can be pronounced as either "uh" or "un" however it must be nasalized. *Ção* pronounced as sun-o.

Ç is pronounced like "s," whenever it precedes *a, o,* or *u. Criança* is pronounced as "criansa."

D is pronounced as "dj" whenever preceding an *i* or an *e. Tarde* is pronounced as "tardje." *Dia* is pronounced as "gia."

H is silent except when followed by an *n.*

L is pronounced as "ee-oo" whenever it follows an *a* or *i. Brasil* is pronounced as "Bra-zee-oo."

M is pronounced as a soft "m" whenever it's the last letter of a word. One trick for pronunciation is saying it without closing your lips.

R is pronounced as an "h" if it's the first letter of the word. *Roberto* is "Hoberto." Whenever *r* is the last letter of a word, then it's pronounced very softly.

S is pronounced like a "z" whenever it's between vowels or when it's at the end of the word. *Português* is pronounced as "Portuguêz."

T is pronounced as "tchi" whenever preceding an *e* or an *i. Contigo* is pronounced as "contchigo."

U is pronounced like "oo."

W is pronounced like a "v." *William* is pronounced as "Villiam."

X is usually pronounced as "ch" whenever preceding a vowel. *Deixar* is pronounced as "deis har." Whenever preceding a consonant, *X* is usually pronounced as "s." *Exterior* is pronounced as "esterior." When between vowels, *X* is usually pronounced as "ks." *Fixo* is "fikso." For words that begin in *ex* or *hex*, followed by a vowel, the *x* is pronounced like a *z. Hexágono* is "hezágono." But in Portuguese, *x* is one of those letters where there are no set rules for its pronunciation!

Z is pronounced as a "ss" whenever it's at the end of a word. *Alvarez* is pronounced as "Alvaress."

Diphthongs

ai - is pronounced like the *ie* in *pie*

ão – ("a with a tilde and o") is pronounced like the *ow* in *clown*

au - is pronounced like the *ow* in *now*

ei - is pronounced like the *ay* in *pay*

eu - is pronounced as *ay-oo* like the *ay* in *hay* + the *oo* in *boot*

ho - is pronounced like a soft *o*

ia - is pronounced *ee-ah* like the *ee* in *feet* + the *a* in *father*

ie - is pronounced like the *e* in *yes*

io - is pronounced *ee-oh*

iu - is pronounced *ee-oo* like the *ee* in *meet* + the *oo* in *loot*

oi - is pronounced "closed" like the *oy* in *toy*

ou - is pronounced like the *ow* in *glow*

õ - is pronounced nasalized

ua - is pronounced like the *oo-ah* in *watch* minus the *w* sound

ue - is pronounced *oo-eh* like the *oo* in *loot* and the *ay* in *day*

ui - is pronounced like *oo-ee* the *oo* in *loot* and the *ee* in *meet*

uo - is pronounced like the *uo* in *quota*

Diagraphs

lh - is pronounced like *lli* in *alligator*

nh - is pronounced like *ni* in *minion*; or like *mañana* in Spanish

rr - pronounced like *h as in english*, *terra* will be pronounced *teh-ha*

Accents

Á – ("A with an acute accent") is pronounced like the *y* in *fly*, when at the end of the word pronounced like *a* in *another*

À – ("A with a grave accent") is pronounced like the *a* in *another*

Â – ("A with a circumflex accent") is pronounced like a long *a*

É – (E with an acute accent) is pronounced like the *a* in *many*

Ê – (E with a circumflex accent") pronounced like a long *e*

Ì – (I with an acute accent) is pronounced like the *e* in embrace

Ô – ("O with a circumflex accnet") is pronounced like a long *o*

Ó – (O with an acute accent) is pronounced like *oy*. However when it's the last letter of word then it's like *u* in *jump*

Ú – (U with an acute accent or U with circumflex accent) is pronounced like the *oo* in *loot*.

Conversational
Brazilian-Portuguese
Quick and Easy
The Most Innovative Technique to Learn the Portuguese Language

Part I

YATIR NITZANY

Translated by:
Gloria Cavallaho Lawerence

Introduction to the Program

People often dream about learning a foreign language, but usually they never do it. Some feel that they just won't be able to do it while others believe that they don't have the time. Whatever your reason is, it's time to set that aside. With my new method, you will have enough time, and you will not fail. You will actually learn how to speak the fundamentals of the language—fluently in as little as a few days. Of course, you won't speak perfect Portuguese at first, but you will certainly gain significant proficiency. For example, if you travel to Brazil, you will almost effortlessly be able engage in basic conversational communication with the locals in the present tense and you will no longer be intimidated by culture shock. It's time to relax. Learning a language is a valuable skill that connects people of multiple cultures around the world—and you now have the tools to join them.

How does my method work? I have taken twenty-seven of the most commonly used languages in the world and distilled from them the three hundred and fifty most frequently used words in any language. This process took three years of observation and research, and during that time, I determined which words I felt were most important for this method of basic conversational communication. In that time, I chose these words in such a way that they were structurally interrelated and that, when combined, form sentences. Thus, once you succeed in memorizing these words, you will be able to combine these words and form your own sentences. The words are spread over twenty pages. In fact, there are just nine basic words that will effectively build bridges, enabling you to speak in an understandable manner (please see Building Bridges, page 39). The words will also combine easily in sentences, for example, enabling you to ask simple questions, make basic statements, and obtain a rudimentary understanding of others' communications. I have also created Memorization-Made-Easy Techniques (See page 9) for this program in order to help with the memorization of the vocabulary. Please see Reading and Pronunciation (Page 10) in order to gain proficiency in the reading and pronunciation of the Portuguese language prior to starting this program.

My book is mainly intended for basic present tense vocal communication, meaning anyone can easily use it to "get by" linguistically while visiting a foreign country without learning the entire language. With practice, you will be 100 percent understandable to native speakers, which is your aim. One disclaimer: this is *not* a grammar book, though it does address minute and essential grammar rules (see Basic Grammatical Requirements of the Portuguese Language, Page 144). Therefore, understanding complex sentences with obscure words in Portuguese is beyond the scope of this book.

People who have tried this method have been successful, and by the time you finish this book, you will understand and be understood in basic conversational Portuguese. This is the best basis to learn not only the Portuguese language but any language. This is an entirely revolutionary, no-fail concept, and your ability to combine the pieces of the "language puzzle" together will come with *great* ease, especially if you use this program prior to beginning a Portuguese class.

This is the best program that was ever designed to teach the reader how to become conversational. Other conversational programs will only teach you phrases. But this is the *only* program that will teach you how to create your *own* sentences for the purpose of becoming conversational.

Note to the Reader

The purpose of this book is merely to enable you to communicate in Portuguese. In the program itself, you may notice that the composition of some of those sentences might sound rather clumsy. This is intentional. These sentences were formulated in a specific way to serve two purposes: to facilitate the easy memorization of the vocabulary *and* to teach you how to combine the words in order to form your own sentences for quick and easy communication, rather than making complete literal sense in the English language. So keep in mind that this is *not* a phrase book!

As the title suggests, the sole purpose of this program is for conversational use *only*. It is based on the mirror translation technique. These sentences, as well as the translations are *not* incorrect, just a little clumsy. Latin languages, Semitic languages, and Anglo-Germanic languages, as well as a few others, are compatible with the mirror translation technique.

Many users say that this method surpasses any other known language learning technique that is currently out there on the market. Just stick with the program and you will achieve wonders!

In order to succeed with my method, please start on the very first page of the program and fully master one page at a time prior to proceeding to the next. Otherwise, you will overwhelm yourself and fail. Please do *not* skip pages, nor start from the middle of the book.

It is a myth that certain people are born with the talent to learn a language, and this book disproves that myth. With this method, anyone can learn a foreign language as long as he or she follows these *explicit* directions:

* Memorize the vocabulary on each page.
* Follow that memorization by using a notecard to cover the words you have just memorized and test yourself.
* Then read the sentences following that are created from the vocabulary bank that you just mastered.
* Once fully memorized, give yourself the green light to proceed to the next page.

Again, if you proceed to the following page without mastering the previous, you are guaranteed to gain nothing from this book. If you follow the prescribed steps, you will realize just how effective and simplistic this method is.

The Program

Let's Begin! "Vocabulary" (Memorize the Vocabulary)

I – Eu / **I am -** Eu sou / Estou
With you - Contigo / **With us -** conosco
With him / with her - Com Ele / Com Ela
He - Ele / **He is -** Ele é (permanent), ele está (temporary)
She – Ela / **She is -** Ela é (permanent), ele está (temporary)
Are you - Você está, Você é / **For you -** Para você
Without him - Sem ele
Without them (masculine) - Sem Eles/**(fem)** Sem elas
This - Isto / **Is -** Está / É
Always - Sempre / **Sometimes -** Algumas Vezes
Was – Estive /fui
Maybe - Talvez
Better - Melhor
From - De / Do

Sentences from the vocabulary (now you can speak the sentences and combine the words).

Are you at the house?
Você está em casa?
Sometimes I go without him.
Às vezes eu vou sem ele.
I am always with her
Estou sempre com ela
I am from Manaus
Eu sou **de** Manaus
Are you from Brazil?
Você é do Brasil?
I am with you
Estou contigo
This is for you
Isto e para você
Are you alone today?
Você está sozinho hoje?

*Concerning *eu sou, estou / é, esta* and *você está, você é*, please refer to page #145.

You - Você / Tu / (plural) Vocês
Good - (M) Bom / **(F)** boa
I was – Estive **/ fui**
Tomorrow - Amanhã
Yes - Sim
No/ don't/ doesn't - Não
The - O / A / Os / As
Same - Mesmo / Igual
Here - Aqui
It's - Está / É
And - E
Between - Entre
Now - Agora
Later / After - Depois
If - Se
Then - Então
Also / too / as well - Também

I was home at 5pm
Eu estava em casa às 17:00
Between now and tomorrow.
Entre agora e amanhã.
It's better to be home later.
É melhor estar em casa mais tarde.
If this is good, then I am happy.
Se isso é bom, então eu estou feliz.
Yes, you are very good
Sim, você e muito bom
I was here with them
Eu estive aqui com eles
You and I
Você e eu
The same day
O mesmo dia

*Concerning *estar, ser*, please refer to page #145.

*Concerning *o, as, os* and *as*, please see page #144.

Me - Me / mim
Where - Onde
Somewhere - Algum lugar
There - Lá / Ali
Ok - Ok
Even if - Inclusive
Afterwards - Depois
Worse - Pior
Everything - Tudo
What - Que
Almost - Quase

Afterwards is worse
Depois é pior
Even if I go now
Inclusive eu vou agora
Where is everything?
Onde está tudo?
Maybe somewhere
Talvez em algum lugar
What? I am almost there
Que? Estou quase lá
Where are you?
Onde está você?
This is for us.
Isto é para nós.
Where is the airport
Onde é o aeroporto.

*This *isn't* a phrase book! The purpose of this book is *solely* to provide you with the tools to create *your own* sentences!

House - Casa
Home – Lar
Car - Auto / Carro
Son – Filho / **Daughter** - Filha
Without us - Sem nós
Hello - Alô / Olá / Oi
Good morning - Bom dia
How are you? - Como está você?
Where are you from? - De onde você é
What is your name? - Qual é o seu nome?
How old are you? - Quantos anos você tem?
Hard - Difícil / Duro
Today - Hoje
At - Em / (M)No / (F)Na / **In** - Em / Dentro
Very - Muito
Already - Já

She is without a car, so maybe she is still at the house?
Ela está sem um carro, talvez ela está ainda em casa
I am in the car already with your son and daughter
Eu já estou no carro com teu filho e filha
Good morning, how are you today?
Bom dia, como está você hoje?
Hello, what is your name?
Oi, qual é seu nome?
How old are you?
Quantos anos você tem?
This is very hard, but it's not impossible
Isto é muito difícil, mas não é impossível
Where are you from?
De onde é você?

*In Portuguese, "it's not" is flipped around *não é* or *não esta*.

*In Portuguese, in regards to the pronoun "your," there are two ways of saying it—*tua* or *seu* (male), *sua* (female). *Tua* is the informal "your." Use it when speaking to a friend or someone whom you know well, while *seu* and *sua* are the formal "your;" use them when speaking to an authority, professor, someone whom you just met, or someone to whom you show respect.

Thank you - (M) Obrigado / **(F)**Obrigada
For / In order to - Para
Day - Dia
Time - Tempo
No / not - Não
I am not - Eu não estou / Eu não sou
That - (M) Este, **(F)** Esta
It's - é / Isto é
Yesterday - Ontem
Anything - Qualquer coisa / Tudo
But - Mas
Away - Longe / Distante
Similar - Similar / Parecido
Other / Another - Outro / Um outro
Side - Lado
Until - Até
Still - Ainda / Todavia
Since - Desde
Before - Antes

Thank you Kenneth.
Obrigado Kenneth.
It's almost time
É quase tempo
I am not here, I am away.
Eu não estou aqui, estou longe.
That is a similar house to ours.
Essa casa é semelhante à nossa.
I am from the other side
Estou do outro lado
But I was here until late yesterday
Mas eu estive aqui até tarde **da** noite de ontem
Since the other day
Desde o outro dia

*This *isn't* a phrase book! The purpose of this book is *solely* to provide you with the tools to create *your own* sentences!

To be - Estar / Ser
I say / I am saying - Eu digo / Estou dizendo
I see / I am seeing - Eu vejo / Estou vendo / **To see** - Ver
I go / I am going - Eu vou / Estou indo
I want – Quero / **I need** - Preciso
What time is it? - Que horas são?
Without you - Sem você
Everywhere - Em todo Lugar
With - Com
My - **(S)(M&F)**Meu/Minha **(P)(M&F)**Meus/ Minhas
Cousin - Primo
Night – Noite / **Light** - Luz
Outside - Fora
That is - Isto é
Right now - Neste momento
Any - Qualquer

I am saying no
Estou dizendo não
I say no
Eu digo não
I want to see this during the day
Eu quero ver isto durante o dia
I see this everywhere
Eu vejo isso em todos os lugares
I am happy without my cousins here
Estou feliz sem os meus primos aqui
I need to be there at night
Preciso estar lá à noite
I see light outside
Eu vejo luz lá fora
What time is it right now?
Que horas são agora?

*In Portuguese, placing the pronoun "I" / *eu* before a conjugated verb isn't required. For example, "I want to use this" is *quero usar isto* instead of *eu quero usar isto*, although saying ***eu*** *quero usar* isn't incorrect. The same rule also applies for the pronouns "you," "he," "she," "them," and "we." Please refer to page #145.

To wait - Esperar
To sell - Vender
To use - Usar
To know - Saber
To decide - Decidir
To find - Encontrar
To look for / To search - Procurar /Buscar
To - De
Place Lugar
Easy - Fácil
Near - Perto
Between - Entre
Both - Ambos / os dois
That (conjunction) - Que

This place is easy to find
Este lugar e muito fácil de encotrar
I am saying to wait until tomorrow
Eu estou dizendo para esperar até amanhã
I want to use this
Eu quero usar isto
Where is the book?
Onde está o livro?
I need to look for you at the mall.
Eu preciso te procurar no shopping.
I need to decide between the two places
Eu preciso decidir entre os dois lugares
I am very happy to know that everything is ok
Estou muito feliz em saber que tudo está bem

*In English, an infinitive verb is always preceded by "to": "to want," "to wait," "to decide." But in Portuguese and Spanish, the *ar, er,* or *ir* at the end of the verb makes it infinitive: *querer, esperar, decidir.* Occasionally you can place a *para* preceding the infinitive verb: "to wait" / *para esperar.*

* "That" / "which" can also be used as relative pronouns. The translation in Portuguese is *que.* "I am very happy to know that everything is ok" / *estou muito feliz em saber **que** tudo está bem.*

To look - Olhar / **To buy** - Comprar
To understand - Entender / Compreender
I do / I am doing - Eu faço / Eu estou fazendo
I can / Can I - Eu Posso / Posso?
Myself - Eu mesmo / **Mine** - Meu
Them | They - (M) Eles / (F) Elas
Food - Comida / **Water** – Agua / **Hotel** - Hotel
Problem / Problems - Problema / Problemas
Because – Porque / **Like this** - Asi
Of - **(S)(M&F)**Do/da, **(P)(M&F)**Dos/das, **(neuter)** De
Enough - Bastante

I like this hotel because it's near the beach
Eu gosto deste hotel porque fica perto da praia
I want to look at the view.
Eu quero olhar a vista.
I want to buy a bottle of water
Eu quero comprar uma garrafa de água
Do it like this!
Faça isso deste modo!
Both of them have enough food
Ambos deles tem bastante comida
That book is mine.
Esse livro é meu.
I need to understand the problem
Eu preciso entender o problema
I see the view of the city from the hotel
Eu vejo a vista da cidade do hotel
I can work today
Eu posso trabalhar hoje
I do what I want.
Eu faço o que eu quero.

*To learn more about the conjugation of "of," please refer to page #42.
*In the Portuguese language, certain words can connect and combine to form one. For example: *de* (of) + *eles* (them) = *deles* / *de* (of) + *este* (this) = *deste*. To learn more about these connections, please refer to *Combinação e Contração* on page #146.

To know - Saber
To go - Ir
To work - Trabalhar
To say - Dizer
I like - Eu gosto
Family / Parents - Família / Pais
There is / There are - Há / Aqui está / Aqui estão / São
Who - Quem
Why - Porque
Something - Algo / Alguma coisa
Ready - Pronto
Soon / quickly - Rápido / Logo

I like to be at my house with my parents
Eu gosto de estar na minha casa com meus pais
Why do I need to say something important?
Por que preciso dizer algo importante?
I am there with him
Eu estou ali com ele
I am busy, but I need to be ready soon
Eu **estou** ocupado, mas preciso estar pronto rápido
I like to work
Gosto de trabalhar
Who is there?
Quem está lá?
I want to know if they are here.
Eu quero saber se eles estão aqui.
I can go outside.
Eu posso ir lá fora.
There are seven dolls
São sete bonecas
I want to sleep
Eu quero dormir

*This *isn't* a phrase book! The purpose of this book is *solely* to provide you with the tools to create *your own* sentences!

To bring - Trazer
To Drive - Dirigir
To eat - Comer
With me - Comigo
Without me - Sem eu
How much - Quanto
Lunch - Almoço
Fast / Quickly - Rápido
Slow / Slowly - Devagar
Cold - Frio
Hot - Quente
Inside - Dentro
Instead - Em vez
Only - Somente
When - Quando
Or - Ou
Were - Erão

How much money do I need to bring with me?
Quanto dinheiro eu preciso trazer comigo?
I like bread instead of rice.
Eu gosto de pão em vez de arroz.
Only when you can
Somente quando pode
Go there without me.
Vá lá sem mim.
I need to drive the car very fast or very slowly
Eu preciso dirigir o carro muito rápido ou muito devagar
It is cold inside the library
Está frio dentro da biblioteca
I like to eat a hot meal for my lunch.
Eu gosto de comer uma refeição quente no meu almoço.

To answer - Responder
To fly - Voar
To travel - Viajar
To learn - Aprender
To swim - Nadar
To practice - Praticar
To play - Jogar
To leave - Deixar
I go to - Eu vou para
First - Primeiro
Time / Times - Vez / Vezes
Like (*preposition*) **-** Como
How - Como
Many / A lot - Muito / Muitas

I need to answer many questions
Eu preciso responder muitas preguntas
I want to fly today
Eu quero voar hoje
I need to learn how to swim at the pool
Eu preciso aprender como nadar na piscina
I want to learn how to play better tennis.
Eu quero aprender a jogar tênis melhor.
Everything is about the money.
Tudo é sobre o dinheiro.
I want to leave my dog at home.
Eu quero deixar meu cachorro em casa.
I want to travel the world.
Eu quero viajar pelo mundo.
Since the first time
Desde a primeira vez
The children are yours
As crianças são tuas

Pelo mundo literally means "throughout the world."

*With the knowledge you've gained so far, now try to create your own sentences!

To visit - Visitar
To walk - Caminhar / Andar
To give - Dar
To meet - Conhecer
Someone - Alguém
Us - Nós
Mom / Mother - Mamãe / Mãe
Nothing / Anything - Nada
Nobody / anyone - Ninguém
Against - Contra
Which - Qual
Just - Apenas
Around - Ao redor / em volta
Towards – Para / a traves
Than - Que

Something is better than nothing
Alguma coisa é melhor que nada
I am against him
Eu estou contra ele
We go to visit my family each week
Vamos visitar minha familia cada semana
I need to give you something
Eu preciso te dar algo
Do you want to meet someone?
Você quer conhecer alguém?
I am here on Wednesdays as well
Eu estou aqui às quartas-feiras também
You do this every day?
Você faz isso todos os dias?
You need to walk around the school.
Você precisa andar pela escola.

*Te is a direct and indirect object pronoun, the person who is actually affected by the action that is being carried out. But *te* comes before the verb. For example, "I love you" / *eu te amo* or "to give you" / *te dar*.

To show - Mostrar
To prepare - Preperar
To borrow - Emprestar
To look like - Parecer
To want - Querer
To stay - Ficar
To continue - Continuar
I have / I must - Eu tenho / Eu devo
I am not going - Eu não vou
Don't / Doesn't - Não
Friend - Amigo
Grandfather - Avô
Way (road) **-** Caminho
Way (method) - Maneira
That's why - Por isso

Do you want to look like Arnold?
Você quer parecer como Arnold?
I want to borrow this book for my grandfather
Eu quero emprestar este livro do meu avô
I want to drive and to continue on this way to my house
Eu quero dirigir para continuar neste caminho para minha casa
I want to stay in São Paulo because I have a friend there
Eu tenho um amigo em São Paulo, por isso eu quero estar lá
I am not going to see anyone here
Eu não vou ver ninguém aqui
I need to show you how to prepare breakfast
Eu preciso te mostrar como preparar o café da manhã
Why don't you have the book?
Por que você não tem o livro?
That is incorrect, I don't need the car today
Isto nao e certo, eu não preciso do carro hoje.

To remember - Lembrar
To think - Pensar
To do - Fazer
To come - Vir
To hear - Escutar
Your - (S)(M) Teu, **(F)**Tua / **(P)(M)**Teus, **(F)**Tuas
Grandmother - Avó
Dark / darkness - Escuro / Escuridão
Number - Número
Five - Cinco
Hour - Hora
Minute / minutes - Minuto / Minutos
A second - Um segundo
Moment - Momento
Last - (M)Último /**(F)**Última
More - Mais
About - Sobre

You need to remember your number
Você precisa lembrar teu número
This is the last hour of darkness
Esta é a última hora da escuridão
I want to come with you.
Eu quero ir com você.
I can hear my grandmother speaking Portuguese.
Eu posso ouvir minha avó falando português.
I need to think about this more.
Eu preciso pensar mais sobre isso.
From here until there, it's just five minutes
Daqui até ali, é apenas cinco minutos.

To leave - Sair
To take - Tomar
To try - Tentar
To rent - Alugar
To turn off - Apagar
To ask - Pedir
To stop - Parar
Without her - Sem ela
We are - Estamos / Somos
Brazil - Brasil
Again - Outra vez /de novo
Permission - Permissão

He needs to go to rent a house at the beach
Ele precisa ir e alugar uma casa na praia
I want to take the test without her
Eu quero tomar um teste sem ela
We are here a long time
Nós estamos aqui por muito tempo
I need to turn off the lights early
Eu preciso desligar as luzes cedo
We want to stop here
Nós queremos parar aqui
We are from Brazil.
Nós somos do Brasil.
Your doctor is in the same building.
O seu médico está no mesmo prédio.
In order to leave you have to ask permission.
Para sair, você precisa pedir permissão.

To open - Abrir
To buy - Comprar
To pay- Pagar
To clean - Limpar
To hope - Esperar
To live - Viver
To return - Regressar
Without - Sem
Door - Porta
Sister - Irmã
Nice to meet you - Prazer em conhecer lo
Name - Nome
Last name - Sobrenome
Enough - Suficiente

I need to open the door for my sister
Eu preciso abrir a porta para minha irmã
I need to buy something
Eu preciso comprar alguma coisa
I want to meet your brothers.
Eu quero conhecer seus irmãos.
Nice to meet you, what is your name and your last name?
Prazer em conhecer lo, qual é o seu nome e, o seu sobrenome?
We can hope for a better future.
Podemos esperar um futuro melhor.
It is impossible to live without problems.
É impossível viver sem problemas.
I want to return to the United States.
Eu quero voltar para os Estados Unidos.
Why are you sad right now?
Porque você està triste em neste momento?
Our house is on the mountain.
Nossa casa fica na montanha.

*This *isn't* a phrase book! The purpose of this book is *solely* to provide you with the tools to create *your own* sentences!

To happen - Ocorrer / acontecer
To order - Ordenar
To drink - Beber
To begin / to start - Começar
To finish - Terminar
To help - Ajudar
To smoke - Fumar
To love - Amar
To talk / to speak - Falar
Excuse me - Desculpa
Child - Criança
Woman - Mulher

This needs to happen today
Isto precisa acontecer hoje
Excuse me, my child is here as well
Desculpe, minha criança está aqui também
I want to order a soup.
Eu quero pedir uma sopa.
We want to start the class soon.
Queremos começar a aula em breve.
In order to finish at three o'clock this afternoon, I need to finish soon
Para terminar às três horas da tarde, preciso terminar em breve
I want to learn how to speak perfect Portuguese
Quero aprender a falar português perfeito
I don't want to smoke again
Eu não quero fumar outra vez
I want to help
Eu quero ajudar
I love you
Eu te amo
I see you
Eu te vejo
I need you
Eu preciso de ti

*In Portuguese, "child" is *criança*, "son" is *filho*, and "daughter" is *filha*.

To read - Ler
To write - Escrever
To teach - Ensinar
To close - Fechar
To turn on - Acender / Ligar
To prefer - Preferir
To choose – Escolher
To put - Por / colocar
I talk / I speak - Eu Falo
Sun - Sol
Month - Mês
Less - Menos
Exact - (**M**)Exato / (**F**)exata

I need this book to learn how to read and write in Portuguese
Preciso deste livro para aprender a lere e escrever em português
I want to teach English in Brazil
Quero ensinar em inglês no brasil
I want turn on the lights and close the door.
Quero acender as luzes e fechar a porta.
I want to pay less than you.
Eu quero pagar menos do que você.
I prefer to put this here.
Eu prefiro colocar isso aqui.
I speak with the boy and the girl in Spanish and Portuguese
Eu falo com o menino e a menina em espanhol e português
There is sun outside today
Há sol lá fora hoje
Is it possible to know the exact date?
É possível saber a data exata?

*In English, adjectives usually precede the verb. In Portuguese, it's usually the opposite (i.e., "exact date" / *data exata* or "blue car" / *carro azul*).

*With the knowledge you've gained so far, now try to create your own sentences!

To exchange - Trocar / Cambiar
To call - Chamar
To sit - Sentar
To change - Trocar
To follow - Seguir
Him / Her - Lo /La
Brother - Irmão / **Dad** - Papai
Together - Juntos
Of course – Claro / **Welcome** - Bemvindo
Years - Anos
Sky - Céu
Up - Encima / **Down** - Abaixo
Sorry – Desculpe
Big - Grande
New - Novo
Never - Jamais / Nunca
During - Durante

I never want to exchange this money at the bank
Eu nunca quero trocar este dinheiro no banco
I want to call my brother and my dad today
Eu quero chamar meu irmão e meu papai hoje
Of course I can come to the theater, and I want to sit together with you and your sister
Claro eu posso vir a teatro, e eu quero sentar junto contigo e com tua irmã
If you look under the table, you can see the new rug.
Se você olhar embaixo da mesa, poderá ver o novo tapete
I can see the sky from the window
Eu posso ver o céu da janela
I am sorry.
Sinto muito.
The dog wants to follow me to the store.
O cachorro quer me seguir até a loja.

*In Portuguese, *lo* and *la* are used as direct masculine, feminine, and neuter object pronouns, meaning "him," "her," or "it."
*   to see him / *vê-lo*
*   to follow her / *sigu-la*
The *r* at the end of the infinitive verb is removed.

To allow - Permitir / deixar
To believe - Crer
To enter - Entrar
To receive - Receber
To move - Mover / Mudar
To promise - Prometer
To recognize - Reconhecer
Morning - Manhã
Good night - Boa noite
Good afternoon - Boa tarde
People - Pessoas
Except - Exceto
Free - Gratis
Far - Distante
Different - Diferente
Throughout - Em todo
Through - Atravez

I need to allow him to go with us.
Eu preciso permitir que ele vá conosco.
He is a different man now.
Ele é um homem diferente agora.
I believe everything except for this
Eu acredito em tudo exceto isto
Come here quickly.
Venha aqui rapidamente.
I must promise to say good night to my parents each night
Eu preciso prometer de dizer boa noite a meu pais cada noite.
I can't recognize him.
Eu não consigo reconhecê-lo.
I need to move your cat to a different chair
Eu preciso mudar seu gato para uma outra cadeira
They want to enter the competition and receive a free book
Eles querem entrar na competiçao e receber um livro gratis
I see the sun throughout the morning from the kitchen
Eu vejo o sol em toda manhã pelo cozinha
I go into the house from the front entrance and not through the yard.
Entro na casa pela entrada da frente e não pelo quintal.

36

To wish - Desejar
To get - Conseguir
To forget - Esquecer
To feel - Sentir
To like - Gostar
See you soon / Goodbye - Vejo você logo / Tchau
Everybody - Todos
Restaurant - Restaurante
Bathroom - Banheiro
Person - Pessoa
Bad - Mal / mau
Great - Grande
Next - Próximo
In front - Em frente
Behind - Atras
Well - Bem
Although - Embora

I don't want to wish you anything bad
Eu não quero desejar a você nada de mal
I must forget everybody from my past.
Devo esquecer todos do meu passado.
I am next to the person behind you
Eu estou próximo da pessoa atrás de você
To feel well I must take vitamins
Para me sentir bem, devo tomar vitaminas
There is a great person in front of me
Aqui esta uma pessoa grande na minha frente
Goodbye my friend.
Adeus meu amigo.
Which is the best restaurant in the area?
Qual é o melhor restaurante da região?
I can feel the heat.
Eu posso sentir o calor.
I need to repair a part of the cabinet of the bathroom.
Eu preciso consertar uma parte do armário do banheiro.
She has to get a car before the next year
Ela tem que conseguir um carro antes do próximo ano
I like the house, but it is very small
Eu gosto desta casa, mas este muito pequena.

To remove - Remover / Retirar
To sleep - Dormir
To lift - Levantar / **To hold -** Segurar
To check - Revisar
Include / Including - Incluir /Incluindo
Belong - Pertencer
Week - Semana
Beautiful - (**M**)Lindo / (**F**)Linda
Please - Por favor
Price - Preço
Small - Pequeno
Real - Real / Verdade
Size - Tamanho
Even though - Mesmo que
So - Então

She wants to remove this door please
Por favor, ela quer remover esta porta
This doesn't belong here, I need to check again
Isto não pertencer aqui, preciso revisar outra vez
This week the weather was very beautiful
Esta semana, o tempo estava muito bonito
Is that a real diamond?
Isso é um diamante de verdade?
We need to check the size of the house
Eu preciso revisar o tamanho desta casa
I want to lift this.
Eu quero levantar isso.
The sun is high in the sky.
O sol está alto no céu.
Can you please hold my hand?
Você pode por favor segurar minha mão?
Can you please put the wood in the fire?
Você pode por favor colocar a lenha no fogo?
I can pay this although the price is expensive
Eu posso pagar isto, embora o preço e caro
Including everything, is this price correct?
Incluindo tudo, este preço está correto
I want to go to sleep
Eu quero ir dormir

Building Bridges

In Building Bridges, we take six conjugated verbs that have been selected after studies I have conducted for several months in order to determine which verbs are most commonly conjugated, and which are then automatically followed by an infinitive verb. For example, once you know how to say, "I need," "I want," "I can," and "I like," you will be able to connect words and say almost anything you want more correctly and understandably. The following three pages contain these six conjugated verbs in first, second, third, fourth, and fifth person, as well as some sample sentences. Please master the entire program up until *here* prior to venturing onto this section.

I want - Quero
I need - Preciso
I can - Posso
I like - Gosto
I go - Vou
I have / I must – Tenho

I want to go to my house
Eu quero ir a minha casa
I can go with you to the bus station
Eu posso ir contigo para a estação de ônibus
I need to leave the museum.
Eu preciso sair do museu.
I like to eat oranges.
Eu gosto de comer laranjas.
I am going to teach a class
Eu vou ensinar uma classe
I have to speak to my teacher
Tenho que falar com meu professor

Please master *every* single page up until here prior to attempting the following pages!

You want / do you want? - Você quer
He wants / does he want? - Ele quer
She wants / does she want? - Ela quer
We want / do we want? - Nós queremos
They want / do they want? - Eles/elas querem
You (plural) want? - Vocês querem

You need / do you need? - Você precisa
He needs / does he need? - Ele precisa
She needs / does she need? - Ela precisa
We want / do we want? - Nós precisamos
They need / do they need? - Eles/elas precisam
You (plural) need? - Vocês precisam

You can / can you? - Você pode
He can / can he? - Ele pode
She can / can she? - Ela pode
We can / can we? - Nós podemos
They can / can they? - Eles/elas Podem
You (plural) can? - Vocês podem

You like / do you like? - Você gosta
He likes / does he like? - Ele gosta
She like / does she like? - Ela gosta
We like / do we like? - Nós gostamos
They like / do they like? - Eles/elas gostam
You (plural) like? - Vocês gostam

You go / do you go? - Você vai
He goes / does he go? - Ele vai
She goes / does she go? - Ela vai
We go / do we go? - Nós vamos
They go / do they go? - Eles/elas vão
You (plural) go? - Vocês vão

You have / do you have? - Você tem
He has / does he have? - Ele tem
She has / does she have? - Ela tem
We have / do we have? - Nós temos
They have / do they have? - Eles/elas têm
You (plural) have? - Vocês têm?

Do you want to go?
Você quer ir?

Does he want to fly?
Ele quer voar?

We want to swim
Queremos nadar

Do they want to run?
Querem correr

Do you need to clean?
Você precisa limpar?

She needs to sing a song
Ela precisa cantar um canção

We need to travel
Precisamos viajar

They don't need to fight
Eles não precisam lutar

You (plural) need to save your money.
Vocês (plural) precisam economizar seu dinheiro.

Can you hear me?
Pode me escuctar?

He can dance very well
Pode dançar muito bem

We can go out tonight
Podemos sair esta noite

The fireman can break the door during an emergency.
O bombeiro pode quebrar a porta durante uma emergência.

Do you like to eat here?
Gosta de comer aqui?

He likes to spend time here
Gosta de passar tempo aqui

We like to fix the house
Gostamos de arrumar a casa

They like to cook
Eles gostam de cozinhar

You (plural) like to play soccer.
Vocês (plural) gostam de jogar futebol.

Do you go to school today?
Você vai à escola hoje

He goes fishing
Ele vai pescar

We are going to relax
Vamos relaxer

They go out to eat at a restaurant every day.
Eles saem para comer em um restaurante todos os dias.

Do you go to the movies on weekends?
Você vai ao cinema nos fins de semana?

Do you have money?
Você tem dinheiro?

She has to look outside
Ela tem que olhar para fora

We have to sign our names
Temos que assinar os nossos nomes

They have to send the letter
Eles tem que mandar/enviar a carta

You (plural) have to stand in line.
Vocês (plural) têm que ficar na fila.

*Whenever referring to a group of all female individuals, you refer to that group as *elas*. Mixed male & female individuals refer to them as *eles*.

Other Useful Tools in the Portuguese Language

Sunday - Domingo
Monday - Segunda-feira
Tuesday - Terça-feira
Wednesday - Quarta-feira
Thursday - Quinta-feira
Friday - Sexta-feira
Saturday - Sábado

Seasons
Spring - Primavera
Summer - Verão
Autumn - Outono
Winter - Inverno

Colors
Black - Preto
White - Branco
Gray - Cinza
Red - Vermelho
Blue - Azul
Yellow - Amarelo
Green - Verde
Orange - Laranja
Purple - Roxo
Brown - Marrom

Numbers
One - Um
Two - Dois
Three - Três
Four - Quatro
Five - Cinco
Six - Sies
Seven - Sete
Eight - Oito
Nine - Nove
Ten - Dez

Cardinal Directions - Direcciones cardinales
North - Norte / **South** - Sul
East - Leste / **West** - Oest

Conclusion

Congratulations! You have completed all the tools needed to master the Portuguese language, and I hope that this has been a valuable learning experience. Now you have sufficient communication skills to be confident enough to embark on a visit to a Portuguese-speaking county, impress your friends, and boost your resume so *good luck*.

This program is available in other languages as well, and it is my fervent hope that my language learning programs will be used for good, enabling people from all corners of the globe and from all cultures and religions to be able to communicate harmoniously. After memorizing the required three hundred and fifty words, please perform a daily five-minute exercise by creating sentences in your head using these words. This simple exercise will help you grasp conversational communications even more effectively. Also, once you memorize the vocabulary on each page, follow it by using a notecard to cover the words you have just memorized and test yourself and follow *that* by going back and using this same notecard technique on the pages you studied during the previous days. This repetition technique will assist you in mastering these words in order to provide you with the tools to create your own sentences.

Every day, use this notecard technique on the words that you have just studied.

Everything in life has a catch. The catch here is just consistency. If you just open the book, and after the first few pages of studying the program, you put it down, then you will not gain anything. However, if you consistently dedicate a half hour daily to studying, as well as reviewing what you have learned from previous days, then you will quickly realize why this method is the most effective technique ever created to become conversational in a foreign language. My technique works! For anyone who doubts this technique, all I can say is that it has worked for me and hundreds of others.

Conversational Brazilian-Portuguese Quick and Easy

The Most Innovative Technique to Learn the Portuguese Language

Part II

YATIR NITZANY

Translated by:
Gloria Cavallaho Lawerence

Introduction to the Program

In the first book, you were taught the 350 most useful words in the Brazilian Portuguese language, which, once memorized, could be combined in order for you to create your own sentences. Now, with the knowledge you have gained, you can use those words in Conversational Portuguese Quick and Easy Part 2 and Part 3, in order to supplement the 350 words that you've already memorized. This combination of words and sentences will help you master the language to even greater proficiency and quicker than with other courses.

The books that comprise Parts 2 and 3 have progressed from just vocabulary and are now split into various categories that are useful in our everyday lives. These categories range from travel to food to school and work, and other similarly broad subjects. In contrast to various other methods, the topics that are covered also contain parts of vocabulary that are not often broached, such as the military, politics, and religion. With these more unusual topics for learning conversational languages, the student can learn quicker and easier. This method is flawless and it has proven itself time and time again.

If you decide to travel to Brazil, then this book will help you speak the Portuguese language.

This method has worked for me and thousands of others. It surpasses any other language-learning method system currently on the market today.

This book, Part 2, specifically deals with practical aspects concerning travel, camping, transportation, city living, entertainment such as films, food including vegetables and fruit, shopping, family including grandparents, in-laws, and stepchildren, human anatomy, health, emergencies, and natural disasters, and home situations.

The sentences within each category can help you get by in other countries.

In relation to travel, for example, you are given sentences about food, airport necessities such as immigration, and passports. Helpful phrases include, "Where is the immigration and passport control inside the airport?" and "I want to order a bowl of cereal and toast with jelly." For flights there are informative combinations such as, "There is a long line of passengers in the terminal because of the delay on the runway." When arriving in another country options for what to say include, "We want to hire a driver for the tour. However, we want to pay with a credit card instead of cash" and, "On which street is the car-rental agency?

When discussing entertainment in another country and in a new language, you are provided with sentences and vocabulary that will help you interact with others. You can discuss art galleries and watching foreign films. For example, you may need to say to friends, "I need subtitles if I watch a foreign film" and, 'The mystery-suspense genre films are usually good movies'. You can talk about your own filming experience in front of the camera.

The selection of topics in this book is much wider than in ordinary courses. By including social issue such as incarceration, it will help you to engage with more people who speak the language you are learning.

Part 3 will deal with vocabulary and sentences relevant to indoor matters such as school and the office, but also a variety of professions and sports.

TRAVEL - VIAGEM

Flight – Vôo / **Airplane** - Avião
Airport – Aeroporto / **Terminal** - Terminal
Passport - Passaporte / **Customs** - Alfândega
Take off (airplane) – Decolagem / **Landing** - Aterrissa
Gate – Portão / **Departure** - Partida/ **Arrival** – Chegada
Luggage - àrea de bagagem / **Suitcase** - Bagagem
Baggage claim - Mala de viagem
Passenger – **(Male)** Passageiro/ **(Female)** passageira
Final Destination – Destino final / **Boarding** - Embarque
Runway - Pista
Line - Fila / **Delay** - Atraso
Wing - Asa

I like to travel.
Eu gosto de viajar.
This is a very expensive flight.
Este é um vôo muito caro (expensive).
The airplane takes off in the morning and lands at night.
O avião decola de manhã e aterrissa à noite.
My suitcase is at the baggage claim.
Minha mala está na área de bagagem.
We need to go to the departure gate instead of the arrival gate.
Precisamos ir até o portão de embarque em vez do portão de chegada.
There is a long line of passengers in the terminal because of a delay on the runway.
Tem uma longa fila de passageiros no terminal devido a um atraso na pista.
What is your final destination?
Qual é o seu destino final?
I don't like to sit above the wing of the airplane.
Não gosto de me sentar sobre a asa do avião.
The flight takes off at 3pm, but the boarding commences at 2:20pm.
O vôo decola às 15h, mas o embarque começa às 14h20.
Do I need to check in my luggage?
Preciso despachar minha bagagem?
Where is the passport control inside the airport?
Onde está o controle de passaporte dentro do aeroporto?
I am almost finished at customs.
Estou quase terminando na alfândega?
I am almost finished at customs.
Estou quase terminando na alfândega.

International flights – Vôos internacionais
Domestic flights – Vôos domésticos
First class – Primeira classe
Business class – Classe executive / **Economy class** – Classe econômica
Direct flight - Vôo direto / **Round trip** - Ida e volta
One-way flight - Vôo só de ida / **Return flight** - Vôo de regresso
Flight attendant - Comissária de bordo / aeromoça
Layover / connection - Escala / conexão
Reservation - Reserva
Security check – Verificação de segurança
Checked bags - Malas despachadas / **Carry-on bag** - Bolsa de mão
Business trip - Viagem de negócios
Check in counter – Balcão de embarque
Temporary visa – Visto temporário / **Permanent visa** – Visto permanente
Travel agency - Agência de viagens / **Country** – País

The flight attendant told me to go to the check in counter.
A comissária de bordo me disse para ir ao balcão de embarque.
For international flights you must be at the airport at least three hours before departure.
Para vôos internacionais, você deve estar no aeroporto pelo menos três horas antes da partida.
For a domestic flight, I need to arrive at the airport at least two hours before departure.
Para um vôo doméstico, preciso chegar ao aeroporto pelo menos duas horas antes da partida.
Business class is usually cheaper than first class.
A classe executiva geralmente (usually) é mais barata (cheaper) que a primeira classe.
Through the travel agency, the one-way ticket was cheaper than the round-trip ticket.
Por meio da agência de viagens, o bilhete de ida estava mais barato do que o de ida e volta.
I prefer a direct flight without a layover.
Eu prefiro um vôo direto sem escala.
I must make reservations for my return flight.
Devo fazer reservas para o meu vôo de volta.
Why do I need to remove my shoes at the security check?
Por que preciso tirar meus sapatos na verificação de segurança?
I have three checked bags and one carry-on.
Tenho três malas despachadas e uma bagagem de mão.
I have to ask my travel agent if this country requires a visa.
Tenho que perguntar ao meu agente de viagens se este país exige um visto.

Trip – Viagem
Tourist - Turista **/ Tourism** - Turismo
Holidays - Feriados, festas **/ Vacations** - Férias
Currency exchange - Casa de câmbio
Port of entry - Porto de entrada
Car rental agency - Agência de aluguel de carros
Identification - Identificação
GPS - GPS
Road - Estrada / rodovia
Map - Mapa
Information center - Centro de informações
Bank - Banco
Hotel – Hotel **/ Motel** - Motel **/ Hostel** - Hostel
Leisure - Lazer
Driver – **(Male)** Condutor**/ (Female)** condutora **/ Tour** - Passeio
Credit - Crédito **/ Cash** - Dinheiro / especime
A guide - Um guia
Ski Resort - Estação de esqui

I had an amazing trip.
Eu tive uma viagem incrível.
The currency exchange counter is past the port of entry.
A casa de câmbio de moeda está depois do porto de entrada.
There is a lot of tourism during the holidays and vacations.
Tem muito turismo durante as férias e feriado.
Where is the car-rental agency?
Onde fica a agência de aluguel de carros?
You need to show your identification whenever checking at a hotel
Você precisa mostrar sua identificação sempre que se registrar num hotel.
It's more convenient to use the GPS on the roads instead of a map.
É mais conveniente usar o GPS nas estradas em vez de um mapa.
Why is the information center closed today?
Por que o centro de informações está fechado hoje?
When I am in a new country, I go to the bank before I go to the hotel.
Quando estou em um novo país, vou ao banco antes de ir ao hotel.
I need to book my leisure vacation at the ski resort today.
Preciso reservar minhas férias de lazer na estação de esqui hoje.
We want to hire a driver for the tour.
Queremos contratar um motorista para o passeio.
We want to pay with a credit card instead of cash.
Queremos pagar com cartão de crédito em vez de dinheiro.
Does the tour include an English-speaking guide?
O passeio inclui um guia que fala inglês?

TRANSPORTATION - TRANSPORTE

Car - Carro
Bus - Ônibus
Station – Estação/**Train** - Trem /**Train station** - Estação de trem
Train tracks - Trilhos de trem / **Train cart** - Carrinho de trem
Subway - Metrô
Taxi - Táxi
Motorcycle – Motocicleta / **Scooter** - Lambretta
Helicopter - Helicóptero
School bus – Ônibus escolar
Limousine - Limosine
Driver license - Carta de condução / carteira de motorista
Vehicle registration - Registro de veículos
License plate - Matrícula
Ticket – Bilhete / **Ticket** (penalty) - Multa

Where is the public transportation?
Onde fica o transporte público?
Where can I buy a bus ticket?
Onde posso comprar uma passagem de ônibus?
Please call a taxi.
Por favor, chame um táxi.
In some cities you don't need a car because you can rely on the subway.
Em algumas cidades, você não precisa de carro, porque pode confiar no metrô.
Where is the train station?
Onde é a estação de trem?
The train cart is still stuck on the tracks.
O carrinho de trem ainda está preso nos trilhos.
The motorcycles make loud noises.
As motocicletas fazem barulhos alto.
Where can I rent a scooter?
Onde posso alugar uma lambretta?
I want to schedule a helicopter tour.
Eu quero reservar um passeio de helicóptero.
I want to go to the party in a limousine.
Eu quero ir à festa em uma limosine.
Don't forget to bring your driver's license and registration.
Não se esqueça de trazer sua carteira de motorista e registro.
The cop gave me a ticket because my license plate is expired.
O policial me deu uma multa porque minha placa estava vencida.

Truck – Caminhão
Pick up truck - Caminhonete
Bicycle – Bicicleta
Van - Van
Gas station – Posto de gasolina / **Gasoline -** Gasolina
Tire - Pneu
Oil change – Troca de óleo
Tire change – Troca de pneus
Mechanic – Mecânico
Canoe - Canoa
Ship – Navio / **Boat -** Barco
Yacht - Iate
Sailboat - Veleiro
Motorboat – Barco a motor
Marina - Marina / **A dock -** Uma embarcadeiro
Cruise - Cruzeiro / **Cruise ship -** Navio de cruzeiro
Ferry - Balsa
Submarine - Submarino

I have to put my bicycle in my truck.
Eu tenho que colocar minha bicicleta na minha caminhonete.
Where is the gas station?
Onde fica o posto de gasolina?
I need gasoline and also to put air in my tires.
Eu preciso de gasolina e também ar colocar ar nos meus pneus.
I need to take my car to the mechanic for a tire and oil change.
Preciso levar meu carro ao mecânico para trocar os pneus e o óleo.
I can bring my canoe in the van.
Eu posso trazer minha canoa na van.
Can I bring my yacht to the boat show at the marina?
Posso levar meu iate para o show de barco na marina?
I prefer a motorboat instead of a sailboat.
Eu prefiro um barco a motor em vez de um veleiro.
I want to leave my boat at the dock on the island.
Quero deixar meu barco no embarcadeiro da ilha.
This spot is a popular stopping point for the cruise ship.
Este local é um ponto de parada popular para o navio de cruzeiro.
This was an incredible cruise.
Este foi um cruzeiro incrível.
Do you have the schedule for the ferry?
Você tem o horário para a balsa?
The submarine is yellow.
O submarino é amarelo.

CITY - CIDADE

Town / village - Cidade / vila
House – Casa / **Home -** Lar
Apartment - Apartamento
Tower - Torre
Building - Edifício
Skyscraper – Arranha-céu
Neighborhood – Bairro
Office building – Edifício de escritórios / prédio de escritórios
Location - Localização
Elevator – Elevador
Stairs - Escadas
Fence - Cerca
Construction site – Canteiro de obras
Post office – Correios
Bridge - Ponte
Gate - Portão
City hall – Prefeitura **/ The mayor -** O prefeito, (f) A prefeita
Fire department – Corpo de bombeiros

Is this a city or a village?
Esta é uma cidade ou uma vila?
Does he live in a house or an apartment?
Ele mora em uma casa ou apartamento?
This residential building does not have an elevator, just stairs.
Este edifício residencial não tem elevador, apenas escadas.
These skyscrapers are located in the new part of the city.
Estes arranha-céus estão localizados na nova parte da cidade.
The tower is tall but the building beside it is very short.
A torre é alta, mas o prédio ao lado é muito baixo.
This is a historical neighborhood.
Este é um bairro histórico.
There is a fence around the construction site.
Há uma cerca ao redor do canteiro de obras.
The post office is located in that office building.
O correio está localizado naquele prédio de escritórios.
The bridge is closed today.
A ponte está fechada hoje.
The gate is open.
O portão está aberto.
The fire department is located in the building next to city hall.
O corpo de bombeiros está localizado no prédio ao lado da prefeitura.

Street - Rua / **Main street** - Rua principal
Parking / parking lot – Estacionamento / **Sidewalk** - Calçada
Traffic – Tráfico / **Traffic light** - Semáforo
Red light – Luz vermelha / **Yellow light** - Luz amarela
Green light – Luz verde
Toll lane - Faixa de pedágio
Fast lane – Via rápida / **Slow lane** – Pista lenta
Left lane – Faixa esquerda / **Right lane** – Faixa direita
Highway – Rodovia / **Intersection** - Interseção / cruzamento
Tunnel – Túnel / **Stop sign** - Sinal de stop / sinal de parada
Pedestrians - Pedestres / **Crosswalk** - Faixa de pedestres
U-turn - Retorno / **Shortcut** - Atalho

The parking is on the main street and not on the sidewalk.
O estacionamento fica na rua principal e não na calçada
Where is the parking lot?
Onde fica o estacionamento?
The traffic is very bad today.
O tráfego está muito ruim hoje.
You must avoid the fast lane because it's a toll lane.
Você deve evitar a faixa rápida, porque é uma faixa de pedágio.
I hate to drive on the highway.
Eu odeio dirigir na rodovia.
At a red light you need to stop, at a yellow light you must be prepared to stop and at a green you can drive.
Em um sinal vermelho, você precisa parar, em um sinal amarelo, você deve estar preparado para parar e, em um verde, pode dirigir.
I don't like traffic lights.
Eu não gosto de semáforos.
At the intersection, you need to stay in the right lane instead of the left lane because that's a bus lane.
No cruzamento, você precisa permanecer na faixa da direita em vez da faixa da esquerda, porque é uma faixa de ônibus.
The tunnel is very long, however, it seems short.
O túnel é muito longo, no entanto, parece curto.
It's a long way.
É um longo caminho.
The next bus stop is far.
A próxima parada de ônibus está longe.
You need to turn right at the stop sign and then continue on straight.
Você precisa virar à direita no sinal de parada e continuar em frente.
Pedestrians use the crosswalk to cross the road.
Os pedestres usam a faixa de pedestres para atravessar a rua.

Capital – Capital
Resort - Resort
Port - Porto
Road - Estrada
Trail – Trilha
Bus station – Rodoviária / **Bus stop** – Parada de ônibus
Night club – Club noturno / boate
Downtown – Centro da cidade
District – Distrito / **County** - Condado / município
Statue – Estátua / **Monument** - Monumento
Castle – Castelo
Cathedral - Catedral
Zoo – Zoológico
Science museum – Museu de Ciências
Playground – Campo de recreo / parquinho
Swimming pool – Piscina
Jail – Cadeia
Prison - Penitenciária

The capital is a major attraction point for tourists.
A capital é um importante ponto de atração para turistas.
The resort is next to the port.
O resort fica ao lado do porto.
The night club is located in the downtown district.
A boate está localizada no distrito do centro da cidade.
This statue is a monument to the city.
Esta estátua é um monumento à cidade.
This is an ancient castle.
Este é um castelo antigo.
That is a beautiful cathedral.
Essa é uma bela catedral.
Do you want to go to the zoo or the science museum?
Você quer ir ao zoológico ou ao museu de ciências?
The children are in the playground.
As crianças estão no parquinho.
The swimming pool is closed for the community today.
A piscina está fechada para a comunidade hoje.
You need to follow the trail alongside the main street to reach the bus station.
Você precisa seguir a trilha ao longo da rua principal para chegar à estação de ônibus.
There is a jail in this county, but not a prison.
Tem uma prisão neste condado, mas não uma penitenciária.

ENTERTAINMENT - ENTRETENIMIENTO

Movie - Filme
Theater (movie theater) - Cinema
Actor – Ator **/ Actress** - Atriz
Genre – Gênero
Subtitles – Legendas
Action - Ação
Foreign film - Filme estrangeiro
Mystery – Mistério **/ Suspense** – Suspense
Documentary – Documentário / **Biography** - Biografia
Drama - Drama
Comedy – Comédia
Romance - Romance
Horror – Horror / terror
Animation – Animação **/ Cartoon** – Desenho animado
Director – Diretor **/ Producer** - Produtor
Audience – Audiência / público

There are three new movies at the theater that I want to see.
Tem três novos filmes no cinema que eu quero ver.
He is a really good actor.
Ele é realmente um bom ator.
She is an excellent actress
Ela é uma excelente atriz.
That was a good action movie.
Esse foi um bom filme de ação.
I need subtitles when I watch a foreign film.
Preciso de legendas quando assisto a um filme estrangeiro.
Films of the mystery-suspense genre are usually good movies.
Filmes do gênero suspense ou mistério são geralmente bons filmes.
I like documentary films. However, comedy-drama or romance films are better.
Eu gosto de documentários. No entanto, filmes de comédia ou drama são melhores.
My favorite genre of movies are the horror movies.
Meu gênero favorito de filmes são os filmes de terror.
It's fun to watch cartoons and animated movies.
É divertido assistir desenhos animados e filmes de animação.
Sometimes biographies are boring to watch.
Às vezes, as biografias são chatas de assistir.
The director and the producer can meet the audience today.
O diretor e o produtor podem encontrar o público hoje.

Entertainment - Entretenimento
Television - Televisão
A show - Um programa (as in television)
A show - Um show (as in live performance)
Channel – Canal
Serics - Série
Commercial - Comercial
Episode - Episódio
Anchorman – Apresentador / **Anchorwoman -** Apresentadora
News - Notícias / noticiário / **News station –** Estação de notícias
Screening - Pré-estréia
Live - Ao vivo
Broadcast - Transmissão
Headline - Título / manchetes
Viewer – Telespectadores
Speech – Discurso / **Script -** Roteiro
Screen - Tela
Camera - Câmera

It's time to buy a new television.
É hora de comprar uma nova televisão.
This was the first episode of this television show yet it was a long series.
Este foi o primeiro episódio deste programa de televisão, no entanto, foi uma série longa.
There aren't any commercials on this channel.
Não há comerciais neste canal.
This anchorman and anchorwoman work for our local news station.
Este apresentador e apresentadora trabalham para a nossa estação de notícias local.
They decided to screen a live broadcast on the news.
Eles decidiram exibir uma transmissão ao vivo no noticiário.
The news station featured the headlines before the program began.
A estação de notícias apresentava as manchetes antes do início do programa.
Tonight, all the details about the incident were mentioned on the news.
Hoje à noite, todos os detalhes sobre o incidente foram mencionados no noticiário.
The viewers wanted to hear the presidential speech today.
Os telespectadores queriam ouvir o discurso presidencial hoje.
I must read my script in front of the screen and the camera
Preciso ler meu roteiro na frente da tela e da câmera.
We want to enjoy the entertainment tonight.
Queremos aproveitar o entretenimento hoje noite.

Theater (play) – Teatro
A musical - Um musical
A play - Uma peça
Stage – Palco / cenário
Audition - Seleção
Performance – Apresentação
Box office – Bilheteria
Ticket – Bilhete
Singer – Cantor
Band – Banda
Orchestra - Orquestra
Opera - Ópera
Music - Música
Song - Canção
Musical instrument – Instrumento musical
Drum - Bateria/ **Guitar** - Violão / **Piano** - Piano
Trumpet – Trompete/ **Violin** – Violino/ **Flute** - Flauta
Art - Arte
Gallery - Galeria
Studio - Estúdio
Museum – Museu

It was a great musical performance.
Foi uma ótima apresentação musical.
Can I audition for the play on this stage?
Poderíame apresentar para a seleção desta obrateatral neste cenário?
She is the lead singer of the band.
Ela é a vocalista principal da banda.
I will go to the box office tomorrow to purchase tickets for the opera.
Amanhã vou à bilheteria para comprar ingressos para a ópera.
The orchestra needs to perform below the stage.
A orquestra precisa se apresentar tocar abaixo do palco.
I like to listen to this type of music. I hope to hear a good song.
Eu gosto de ouvir esse tipo de música. Espero ouvir uma boa canção.
The most popular musical instruments that are used in a concert are drums, guitars, pianos, trumpets, violins, and flutes.
Os instrumentos musicais mais populares usados em um show são bateria, violão, piano, trompete, violino e flauta.
The art gallery has a studio for rent.
A galeria de arte tem um estúdio para alugar.
I went to an art museum yesterday.
Eu fui a um museu de arte ontem.

FOODS - ALIMENTOS

Grocery store - Mercearia
Market - Mercado / **Supermarket** - Supermercado
Groceries - Comestíveis
Butcher shop - Açougue / **Butcher** - Açougueiro
Bakery - Padaria / **Baker** - Padeiro
Breakfast – Café da manhã / **Lunch** – Almoço/ **Dinner** – Jantar
Meat - Carne / **Chicken** – Frango / **Seafood** – Mariscos
Milk - Leite/ **Cheese** - Queijo/ **Butter** – Manteiga
Egg – Ovo / **Oil** – Óleo / **Flour** - Farinha / **Bread** - Pão
Baked - Assado
Cake - Bôlo
Beer - Cerveja/ **Wine** – Vinho
Cinnamon - Canela
Powder - Pó
Mustard - Mostarda

Where is the nearest grocery store?
Onde fica a mercearia mais próxima?
Where can I buy meat and chicken?
Onde posso comprar carne e frango?
I need to buy flour, eggs, milk, butter, and oil to bake my cake.
Preciso comprar farinha, ovos, leite, manteiga e óleo para assar meu bôlo.
The groceries are already in the car.
As comestíveis já estão no carro.
It's easy to find papayas and coconuts at the supermarket.
É fácil encontrar mamões e côcos no supermercado.
Where can I buy beer and wine.
Onde posso comprar cerveja e vinho.
On which aisle is the cinnamon powder?
Em qual corredor está o pó de canela?
The butcher shop is near the bakery.
O açougue fica perto da padaria.
I have to go to the market, to buy a half kilo of meat.
Eu tenho que ir ao mercado, comprar meia kilo de carne.
For lunch, we can eat seafood, and then pasta for dinner.
Para o almoço, podemos comer frutos do mar e depois macarrão para o jantar.
I usually eat bread with cheese for breakfast.
Eu costumo comer pão com queijo no café da manhã.
I don't have any ketchup or mustard to put on my hotdog.
Não tenho ketchup ou mostarda para colocar no meu cachorro-quente.

Menu - Menu
Beef - Carne / **Lamb** - Cordeiro / **Pork** - Carne de porco
Steak - Bife
Hamburger - Hambúrguer
Water – Água
Salad - Salada
Soup - Sopa
Appetizer – Aperitivo / **Entrée** – Entrada
Cooked – Cozido / **Boiled** – Fervido
Fried - Frito / **Grilled** - Grelhado
Raw - Cru
Coffee – Café
Dessert – Sobremesa / **Ice cream** - Sorvetes
Olive oil – Azeite
Fish – Peixe
Juice - Suco
Tea – Chá
Honey - Mel / **Sugar** - Açúcar

Do you have a menu in English?
Você tem um menu em inglês?
Which is preferable, the fried pork or the grilled lamb?
Qual é preferível, a carne de porco frita ou o cordeiro grelhado?
I want to order a cup of water, a soup for my appetizer, and pizza for my entrée.
Quero pedir um copo de água, uma sopa para meu aperitivo e pizza para minha entrada.
I want to order a steak for myself, a hamburger for my son, and ice cream for my wife.
Quero pedir um bife para mim, um hambúrguer para o meu filho e sorvete para minha esposa.
Which type of dessert is included with my coffee?
Que tipo de sobremesa está incluída no meu café?
Can I order a salad with a boiled egg and olive oil on the side?
Posso pedir uma salada com um ovo cozido e azeite ao lado?
This fish isn't well cooked, it is still raw inside.
Este peixe não está bem cozido, ainda está cru por dentro.
I want to order a fruit juice instead of a soda.
Quero pedir um suco de frutas em vez de uma soda.
I want to order tea with a teaspoon of honey instead of sugar.
Quero pedir um chá com uma colher de chá de mel em vez de açúcar.
The tip is 20% at this restaurant.
A gorjeta é de 20 porcento neste restaurante.

Vegetarian - Vegetariano
Vegan – Vegano
Dairy products - Laticínios/ produtos de leite
Salt - Sal / **Pepper -** Pimenta
Flavor - Sabor / **Spices -** Especiarias
Rice - Arroz / **Fries -** Batatas fritas
Soy - Soja
Nuts - Nozes / **Peanuts -** Amendoim
Sauce - Molho
Sandwich - Sanduíche
Mayonnaise - Maionese
Jelly - Geléia
Chocolate - Chocolate / **Cookie -** Biscoito
Candy - Doces
Whipped cream - Chantilly
Popsicle - Picolé
Frozen - Congelado / **Thawed –** Descongelado

I don't eat meat because I am a vegetarian.
Eu não como carne porque sou vegetariana.
My brother won't eat dairy because he is a vegan.
Meu irmão não come laticínios porque é vegano.
Food tastes much better with salt, pepper, and spices.
A comida tem um gosto muito melhor com sal, pimenta e especiarias.
The only things I have in my freezer are popsicles.
As únicas coisas que tenho no meu congelador são os picolés.
No chocolate, candy, or cookies until after dinner.
Sem chocolate, doces ou biscoitos até depois do jantar.
I want to try a sample of that piece of cheese.
Quero experimentar uma amostra desse pedaço de queijo.
I have allergies to nuts and peanuts.
Eu tenho alergias a nozes e amendoins.
This sauce is disgusting.
Este molho é nojento.
Why do you always put mayonnaise on your sandwich?
Por que você sempre coloca maionese no seu sanduíche?
The food is still frozen so we need to wait for it to thaw.
A comida ainda está congelada, então precisamos esperar que ela descongele.
Please bring me a bowl of cereal and a slice of toasted bread with jelly.
Por favor, traga-me uma tigela de cereal e uma fatia de pão torrado com geléia.
It's healthier to eat rice instead of fries.
É mais saudável comer arroz em vez de batatas fritas.

VEGETABLES - LEGUMES

Tomato - Tomate / **Carrot** – Cenoura / **Lettuce** - Alface
Radish - Rabanete / **Beet** - Beterraba
Eggplant - Berinjela
Bell Peppers – Pimentões / **Hot pepper** – Pimenta
Celery – Aipo / **Spinach** - Espinafre
Cabbage - Repolho / **Cauliflower** - Couve-flor
Beans – Feijão
Corn - Milho
Garlic - Alho / **Onion** - Cebola
Artichoke - Alcachofra
Grilled vegetables – Legumes grelhados
Steamed vegetables – Legumes no vapor

Grilled vegetables or steamed vegetables are popular side dishes at restaurants.
Legumes grelhados ou legumes no vapor são acompanhamentos populares em restaurantes.
I put carrots, bell peppers, lettuce, and radishes in my salad.
Ponho cenouras, pimentões, alface e rabanetes na minha salada.
It's not hard to grow tomatoes.
Não é difícil cultivar tomates.
Eggplant can be cooked or fried.
Berinjela pode ser cozida ou frita.
I like to put beets in my salad.
Eu gosto de colocar beterraba na minha salada.
Why are chili peppers so spicy?
Por que as pimentas são tão picantes?
Celery and spinach have natural vitamins.
Aipo e espinafre têm vitaminas naturais.
Fried cauliflower tastes better than fried cabbage.
Couve-flor frita tem um sabor melhor do que repolho frito.
Rice and beans are my favorite side dish.
Arroz e feijão é o meu prato favorito.
I like to put butter on corn
Eu gosto de colocar manteiga no milho.
Garlic is an important ingredient in many cuisines.
O alho é um ingrediente importante em muitas cozinhas.
Where is the onion powder?
Onde está a cebola em pó?
Artichokes are difficult to peel.
Alcachofras são difíceis de descascar.

Cucumber – Pepino
Lentil – Lentilha / **Peas -** Ervilhas
Green onion – Cebolinha
Herbs – Ervas / **Parsley -** Salsa / **Cilantro -** Coentro
Basil - Manjericão / **Dill -** Endro / **Mint -** Hortclã
Potatoes – Batatas / **Sweet Potato -** Batata-Doce
Mushroom – Cogumelo
Asparagus - Espargos
Seaweed salad – Salada de algas
Pumpkin – Abóbora / **Squash -** Jerimum / **Zucchini -** Abobrinha
Chick peas – Grão de bico
Vegetable garden – Horta

I want to order lentil soup.
Quero pedir sopa de lentilha.
Please put the green onion in the refrigerator.
Por favor, bonha a cebolinha na geladeira.
The most common kitchen herbs are basil, cilantro, dill, parsley, and mint.
As ervas de cozinha mais comuns são manjericão, coentro, endro, salsa e hortelã.
Some of the most common vegetables for tempura are sweet potatoes and mushrooms.
Alguns dos vegetais mais comuns para o tempura são batatas doces e cogumelos.
I want to order vegetarian sushi with asparagus and cucumber, along with a side of seaweed salad.
Quero pedir sushi vegetariano com aspargos e pepino, juntamente com um lado de salada de algas.
I enjoy eating pumpkin seeds as a snack.
Gosto de comer sementes de abóbora como petisco.
I need to water my vegetable garden.
Eu preciso regar minha horta.
The potatoes in the field are ready to harvest.
As batatas no campo estão prontas para colher.
Chickpeas are the main ingredient to make hummus.
Grão de bico é o principal ingrediente para fazer hummus.
Zucchini and squash are from the same family of vegetables.
Abobrinha e jerimum são da mesma família de vegetais.
Pickled ginger is extremely healthy for you.
O gengibre em conserva é extremamente saudável para você.
The tomatoes are fresh but the cucumbers are rotten.
Os tomates são frescos, mas os pepinos estão podres.

FRUITS - FRUTAS

Apple - Maçã / **Banana** - Banana
Peach - Pêssego
Orange - Laranja / **Grapefruit** - Laranja da terra
Tropical fruits - Frutas tropicais
Papaya – Mamão / **Coconut** - Côco
Cherry - Cerejeira
Raisin - passas / **Prune** - Ameixa seca
Dates - Tâmaras / **Fig** - Figo
Fruit salad - Salada de frutas
Dried fruits - Frutos secos
Apricot - Damasco
Pear - Pera
Avocado - Abacate
Ripe - Maduro

Can I add raisins to the apple pie?
Posso adicionar passas à torta de maçã?
Orange juice is a wonderful source of Vitamin C.
O suco de laranja é uma fonte maravilhosa de vitamina C.
Grapefruits are extremely beneficial for your health.
Laranja da terra é são extremamente benéfica para sua saúde.
I have a peach tree in my front yard.
Eu tenho um pessegueiro no meu quintal.
It's easy to find papayas and coconuts at the supermarket.
É fácil encontrar mamões e côcos no supermercado.
I want to travel to Japan to see the famous cherry blossom.
Eu quero viajar para o Japão para ver a famosa flor de cerejeira.
Bananas are tropical fruits.
Bananas são frutas tropicais.
I want to mix dates and figs in my fruit salad.
Quero misturar tâmaras e figos na minha salada de frutas.
Apricots and prunes are my favorite dried fruits.
Damascos e ameixas são meus frutos secos favoritos.
Pears are delicious.
Peras são deliciosas.
The avocados aren't ripe yet.
Os abacates ainda não estão maduros.
The green apple is very sour.
A maçã verde é muito azeda.
The unripe peach is usually bitter.
O pêssego verde é geralmente amargo.

Fruit tree - Árvore frutífera
Citrus - Cítricas
Lemon - Siciliano
Lime - Limão
Pineapple - Abacaxi
Melon - Melão
Watermelon - Melancia
Strawberry - Morango
Raspberry - Framboesa
Blueberry - Jabuticaba
Grape - Uva
Pomegranate - Romã
Plum - Ameixa
Olive - Azeitona

Strawberries grow during the Spring.
Morangos crescem durante a primavera.
How much does the watermelon juice cost?
Quanto custa o suco de melancia?
I have a pineapple plant inside a pot.
Eu tenho pé um de abacaxi dentro de um vaso.
Melons grow on the ground.
Melões crescem no solo.
I am going to the fruit-tree section of the nursery today to purchase a few citrus trees.
Hoje vou à seção de árvores frutíferas da plantação para comprar algumas árvores cítricas.
There are many raspberries on the bush.
Existem muitas framboesas no arbusto.
Blueberry juice is very sweet.
Suco de jabuticaba é muito doce.
I need to pick the grapes to make the wine.
Eu preciso colher as uvas para fazer o vinho.
Pomegranate juice contains a very high level of antioxidants.
O suco de romã contém um nível muito alto de antioxidantes.
I need to pick the grapes to make the wine.
Eu preciso colher as uvas para fazer o vinho.
Plums are seasonal fruits.
Ameixas são frutas da estação.
I must add either lemon juice or lime juice to my salad
Devo adicionar suco de limão siciliano ou suco de limão à minha salada.
I have an olive grove in my backyard.
Eu tenho um olival no meu quintal.

70

SHOPPING - COMPRAS

Clothes - Roupas
Clothing store - Loja de roupas
For sale - Para venda
Hat – Chapéu / **Shirt** – Camisa / **Shoes** - Sapatos
Skirt - Saia
Dress - Vestido
Pants - Calças/ **Shorts** - Calção
Suit - Paletó / terno / **Vest** - Colete
Tie - Gravata
Uniform - Uniforme
Belt - Cinto
Socks - Meias
Gloves - Luvas
Glasses - Óculos/ **Sunglasses** - Óculos de Sol
Size - Tamanho / **Small** - Pequeno, **(f)** pequena
Medium - Médio/ **Large** - Grande
Thin - Fino, **(f)** fina/ **Thick** - Grosso, **(f)** Grossa / **Wide** - Largo / (f) larga
Thrift store - Brechó

There are a lot of clothes for sale today.
Hoje existem muitas roupas à venda.
Does this hat look good?
Esse chapéu parece bom?
I am happy with this shirt and these shoes.
Estou feliz com esta camisa e esses sapatos.
She prefers a skirt instead of a dress.
Ela prefere uma saia ao invés de um vestido.
These pants aren't my size.
Essas calças não são do meu tamanho.
Where can I find a thrift store? I want to buy a suit, a vest, and a tie.
Onde posso encontrar um brechó? Eu quero comprar um terno, um colete e uma gravata.
There are uniforms for school at the clothing store.
Tem uniformes para a escola na loja de roupas.
I forgot my socks, belt, and shorts at your house.
Esqueci minhas meias, cinto e shorts em sua casa.
These gloves are a size too small. Do you have a medium size?
Essas luvas são muito pequenas. Você tem um tamanho médio?
Today I don't need my reading glasses. I only need my sunglasses.
Hoje não preciso dos meus óculos de leitura. Eu só preciso dos meus óculos de sol.

Jacket - Casaco
Scarf - Encharpel cachecol
Mittens - Mitenes
Sleeve - Manga
Boots (rain, winter) - Botas
Sweater - Jaqueta
Bathing suit – Maiô / **Flip flops** – Chinelos / **Sandals** - Sandálias
Tank top - Regata
Heels - Saltos
On sale - À venda / liquidação / promoção
Expensive - Caro
Free – Grátis / **Discount** – Desconto / **Cheap** - Barato
Shopping - Compras
Mall - Shopping

We are going to the mountain today so don't forget your jacket, mittens, and scarf.
Nós estamos indo para a montanha hoje, então não esqueça seu casaco, luvas e cachecol.
I have long sleeve shirts and short sleeve shirts.
Eu tenho camisas de manga longa e camisas de manga curta.
Boots and sweaters are meant for winter.
Botas e jaquetas são para o inverno.
At the beach, I wear a bathing suit and flip flops.
Na praia, visto um maiô e chinelos.
I want to buy a tank top for summer.
Eu quero comprar uma regata para o verão.
I can't wear heels on the beach, only sandals.
Não posso usar salto alto na praia, apenas sandálias.
What's on sale today?
O que está em promoção hoje?
This is free.
Isso é grátis.
Even though this cologne and this perfume are discounted, they are still very expensive.
Embora essa colônia e este perfume este jamem promoção, eles ainda são muito caros.
These items are very cheap.
Esses itens são muito baratos.
I can go shopping only on weekends.
Só posso fazer compras nos finais de semana.
Is the local mall far?
O shopping local está longe?

Store - Loja / **Business hours** - Horário comercial
Open - Aberto / **Closed** - Fechado
Entrance - Entrada / **Exit** - Saída
Shopping cart - Carrinho de compras
Shopping basket - Cesto de compras
Shopping bag - Sacola de compras
Toy store - Loja de brinquedos /**Toy** – Brinquedo/**Gift** - Presente
Book store - Livraria / **Music store** - Loja de música
Jeweler - Joalheiro/ **Jewelry** - Jóias
Necklace - Colar / **Bracelet** - Pulseira / **Earrings** - Brincos
Gold - Ouro/ **Silver** - Prata/ **Diamond** – Diamante
Coin - Moeda / **Antique** - Antiguidade / **Dealer** - Revendedor

What are your business hours?
Qual o horário de seu trabalho?
What time does the store open?
A que horas a loja abre?
What time does the store close?
A que horas a loja fecha?
Where is the entrance?
Onde fica a entrada?
Where is the exit?
Onde é a saída?
My children want to go to the toy store so that they can fill up the shopping cart with toys.
Meus filhos querem ir à loja de brinquedos para encher o carrinho de compras com brinquedos.
I need a large shopping basket when I go to the supermarket.
Preciso de um grande carrinho de compras quando vou ao supermercado.
Bookstores are almost non-existent since today everything that's for sale is online.
As livrarias são quase inexistentes, porque hoje tudo o que se vende está online.
It's difficult to find a music store these days.
Hoje em dia é difícil encontrar uma loja de música.
The jeweler sells gold and silver.
O joalheiro vende ouro e prata.
I want to buy a diamond necklace.
Eu quero comprar um colar de diamantes.
This bracelet and those pair of earrings are gifts for my daughter.
Esta pulseira e esse par de brincos são presentes para minha filha.
He is an antique coin dealer.
Ele é um negociante de moedas antigas.

FAMILY - FAMÍLIA

Mother - Mãe
Father - Pai
Son - Filho
Daughter - Filha
Brother – Irmão / **Sister** - Irmã
Husband - Marido
Wife - Esposa
Parents - Pais
Child - Criança
Baby - Bebê
Grandparents - Avós
Grandfather - Avô
Grandmother - Avó
Grandson - Neto / **Granddaughter** - Neta
Grandchildren - Netos
Nephew - Sobrinho
Niece - Sobrinha
Cousin - Primo

I have a big family.
Eu tenho uma grande família.
My brother and sister are here.
Meu irmão e irmã estão aqui.
The mother and father want to spend time with their child.
A mãe e o pai querem passar tempo com a sua criançã.
He wants to bring his son and daughter.
Ele quer trazer seu filho e filha.
The grandfather wants to take his grandson to the movie.
O avô quer levar o neto ao cinema.
The grandmother needs to give her granddaughter money.
A avó precisa dar dinheiro à neta.
The grandparents want to spend time with their grandchildren.
Os avós querem passar tempo com seus netos.
The husband and wife have a new baby.
O marido e a esposa têm um novo bebê.
I want to go to the park with my niece and nephew.
Eu quero ir ao parque com minha sobrinha e sobrinho.
My cousin wants to see his children.
Meu primo quer ver seus filhos.
That man is a good parent.
Aquele homem é um bom pai.

Aunt - Tia / **Uncle** - Tio
Man - Homem / **Woman** - Mulher
Stepfather - Padrasto / **Stepmother** - Madrasta
Stepbrother - Meio-irmão / **Stepsister** - Meia-irmã
Stepson - Enteado / **Stepdaughter** - Enteada
Half brother - Meio irmão / **Half sister** - Meia irmã
In laws - Sogros
Ancestor - Antepassado / **Family tree** - Árvore genealógica
Generation – Geração / **Adult** - Adulto
First born - Primogênito / **Only child** - Filho único
Relatives - Parentes / **Family members** - Membros da família
Twins – Gêmeos / **Pregnant** - Grávida
Neighbor - Vizinho, **(f)** vizinha / **Friend** - Amigo, **(f)** amiga
Roommate - Companheiro de quarto, **(f)** Companheira de quarto
Adopted child - Criança adotada / **Orphan** - Órfão

My aunt and uncle are here for a visit.
Minha tia e meu tio estão aqui para uma visita.
He is their only child.
Ele é o único filho deles.
My wife is pregnant with twins.
Minha esposa está grávida de gêmeos.
He is their eldest son.
Ele é o filho mais velho deles.
The first-born child usually takes on all the responsibilities.
O primogênito geralmente assume todas as responsabilidades.
I was able to find all my relatives and ancestors on my family tree.
Consegui encontrar todos os meus parentes e ancestrais na minha árvore genealógica.
My parents' generation loved disco music.
A geração dos meus pais adorava música disco.
Their adopted child was an orphan
O filho adotivo era órfão.
I like my in-laws.
Eu gosto dos meus sogros.
I have a nice neighbor.
Eu tenho um bom vizinho.
We need to choose a godfather for his daughter.
Precisamos escolher um padrinho para a filha dele.
She considers her stepson as her real son.
Ela considera seu enteado como seu verdadeiro filho.
She is his stepdaughter.
Ela é enteada dele.

HUMAN BODY - CORPO HUMANO

Head - Cabeça
Forehead - Testa
Face - Cara
Eye - Olhos / **Nose** - Nariz / **Ear** - Orelha
Mouth - Boca / **Lips** - Lábios
Tongue - Língua
Cheek - Bochecha
Chin - Queixo
Neck - Pescoço / **Throat** - Garganta
Eyebrow - Sobrancelha / **Eyelashes** - Pestanas
Hair – Cabelo / **Beard** - Barba / **Mustache** - Bigode
Tooth - Dente

My chin, cheeks, mouth, lips, and eyes are all part of my face.
Meu queixo, bochechas, boca, lábios e olhos fazem parte do meu rosto.
He has small ears.
Ele tem orelhas pequenas.
I have a cold so my nose, eyes, mouth, and tongue are affected.
Eu tenho um resfriado, então meu olhos, nariz, boca e língua são afetados.
The five senses are sight, touch, taste, smell, and hearing.
Os cinco sentidos são visão, toque, paladar, olfato e audição.
I am washing my face right now.
Estou lavando meu rosto agora.
I have a headache
Estou com dor de cabeça.
My eyebrows are too long.
Minhas sobrancelhas são muito longas.
He must shave his beard and mustache.
Ele deve raspar a barba e o bigode.
I want to brush my teeth in the morning.
Eu quero escovar os dentes de manhã.
She puts a lot of makeup on her cheeks and a lot of lipstick on her lips.
Ela coloca muita maquilagem nas bochechas e muito batom nos lábios.
Her hair covered her forehead.
Os cabelos dela cobriram a testa.
My hair is very long.
Meu cabelo é muito comprido.
She has a long neck.
Ela tem um pescoço comprido.
I have a sore throat.
Estou com dor de garganta.

Shoulder – Ombro / **Chest** - Peito
Arm - Braço / **Elbow** - Cotovelo / **Wrist** - Pulso
Hand - Mão / **Palm** (of hand) - Palma
Finger – Dedo / **Thumb** - Polegar
Back - Costa
Brain - Cérebro/ **Lungs** - Pulmões/ **Heart** - Coração
Kidneys - Rins/ **Liver** - Fígado
Stomach - Estômago/ **Intestines** - Intestinos
Leg - Perna/ **Ankle** - Tornozelo/ **Foot** - Pé
Toe - Dedo do pé
Nail - Unha
Joint – Articulação / **Muscle** - Músculo
Skeleton - Esqueleto / **Bone** - Osso
Spine - Coluna vertebral / **Ribs** - Costelas / **Skull** - Caveira
Skin - Pele
Vein - Veia

In the human body, the chest is located below the shoulders.
No corpo humano, o peito está localizado abaixo dos ombros.
He has a problem with his stomach.
Ele tem um problema no estômago.
I need to strengthen my arms and legs.
Eu preciso fortalecer meus braços e pernas.
I accidentally hit his wrist with my elbow.
Bati acidentalmente no pulso dele com o meu cotovelo.
I have pain in every part of my body especially in my hand, ankle, and back.
Sinto dores em todas as partes do corpo, especialmente nas mãos, tornozelos e costas.
I want to cut my fingernails and my toenails
Eu quero cortar minhas unhas e minhas unhas dos pés.
I need a new bandage for my thumb.
Eu preciso de um novo curativo para o meu polegar.
I have muscle and joint pains.
Eu tenho dores musculares e articulares.
You should change the cast on your foot at least once a month.
Você deve mudar o gêsso com o pé pelo menos uma vez por mês.
The spine is an important part of the skeleton.
A coluna vertebral é uma parte importante do esqueleto.
I have beautiful skin.
Eu tenho uma pele bonita.
The brain, heart, kidney, lungs, and liver are internal organs.
O cérebro, coração, rim, pulmões e fígado são órgãos internos.

HEALTH AND MEDICAL - SAÚDE Y MÉDICO

Disease - Doença
Bacteria - Bactérias
Sick – Doente / **Clinic** - Clínica
Headache - Dor de cabeça / **Earache** - Dor de ouvido
Pharmacy - Farmácia / **Prescription** - Prescrição
Symptoms - Sintomas
Nausea - Náusea / **Stomachache** - Dor de estômago
Allergy - Alergia
Antibiotic - Antibiótico/ **Penicillin** - Penicilina
Sore throat - Dor de garganta / **Fever** - Febre / **Flu** - Gripe
To cough - Tossir/ **A cough** - Tosse
Infection - Infecção
Injury - Lesão / **Scar** – Cicatriz / **Ache, pain** - Dor
Intensive care - Cuidados intensivos
Bandage - Curativo

Are you in good health?
Você está em boa saúde?
These bacteria caused this disease.
Essas bactérias causaram esta doença.
He is very sick.
Ele esta muito doente.
I have a bad headache today so I must go to the pharmacy to refill my prescription.
Hoje estou com uma forte dor de cabeça, então devo ir à farmácia para reabastecer minha receita.
The main symptoms of food poisoning are nausea and stomach ache.
Os principais sintomas de intoxicação alimentar são náuseas e dores de estômago.
I have an allergy to penicillin, so I need another antibiotic.
Eu tenho alergia à penicilina, então preciso de outro antibiótico.
What do I need to treat an earache?
O que eu preciso para tratar uma dor de ouvido?
I need to go to the clinic for my fever and sore throat.
Eu preciso ir à clínica para febre e dor de garganta.
The bandage won't help your infection.
O curativo não ajudará sua infecção.
I have a serious injury so I must go to intensive care.
Eu tenho uma lesão grave, então devo ir para terapia intensiva.
I have muscle and joint pains today.
Hoje tenho dores musculares e articulares.

Hospital - Hospital
Doctor – Médico **/ Nurse -** Enfermeira
Family Doctor - Médico de família **/ Pediatrician -** Pediatra
Medicine / medication - Medicina / medicação
Pills - Pastilhas / comprimidos
Heartburn - Azia
Paramedic – Paramédico **/ Emergency room -** Pronto socorro
Health insurance - Seguro de saúde **/ Patient -** Paciente
Surgery - Cirurgia**/ Surgeon -** Cirurgião**/ Face mask -** Máscara facial
Anesthesia - Anestesia
Local anesthesia - Anestesia local **/ General anesthesia -** Anestesia geral
A walker - Um caminhante **/ A cane -** Uma bengala
Wheelchair - Cadeira de rodas **/ Stretcher -** Maca
Dialysis - Diálise**/ Insulin -** Insulina
Temperature - Temperatura**/ Thermometer -** Termômetro
A shot - Um tiro**/ Needle -** Agulha**/ Syringe -** Seringa

Where is the closest hospital?
Onde é o hospital mais próximo?
I am seeing the nurse now before the doctor.
Estou vendo a enfermeira agora diante do médico.
The paramedics can take her to the emergency room but she doesn't have health insurance.
Os paramédicos podem levá-la à sala de emergência, mas ela não tem seguro de saúde.
The doctor told the patient to go home.
O médico disse ao paciente para ir para casa.
He needs knee surgery.
Ele precisa de cirurgia no joelho (knee).
The surgeon requires general anesthesia in order to operate.
O cirurgião requer anestesia geral para operar.
Does the patient need a wheelchair or a stretcher?
O paciente precisa de cadeira de rodas ou maca?
I have to take medicine every day.
Eu tenho que tomar remédio todos os dias.
Do you have any pills for heartburn?
Você tem algum comprimido para azia?
Where is the closest dialysis center?
Onde é o centro de diálise mais próximo?
Where can I buy insulin for my diabetes?
Onde posso comprar insulina para o meu diabetes?
I need a thermometer to take my temperature.
Eu preciso de um termômetro para medir minha temperatura.

Stroke - Derrame / **Heart attack** - Ataque cardíaco
Blood - Sangue / **Blood pressure** - Pressão arterial
Cancer - Câncer/ **Chemotherapy** - Quimioterapia
Germs - Germes / **Virus** - Vírus
Vaccine - Vacina / **A cure** - Uma cura / **To cure** - Curar
Cholesterol - Colesterol
Nutrition - Nutrição/ **Diet** - Dieta
Fat (person) - Gorduro, **(f)** gordura / **The fat** - A gordura
Skinny - Magro, **(f)** magra / **Thin** - Delgado, **(f)** delgada
Blind - Cego/ **Deaf** - Surdo/ **Mute** - Mudo
Young - Jovem / **Elderly** - Idoso
Nursing home - Lar de idosos
Disability - Incapacidade/ **Handicap** - Handicap / **Paralysis** - Paralisia
Depression - Depressão/ **Anxiety** - Ansiedade
Dentist – Dentista / **Cavity** - Cavidad
Tooth paste - Pasta dental / **Tooth brush** - Escova de dente
X-ray - Radiografia

A stroke is caused by a lack of blood flow to the brain.
Um acidente vascular cerebral é causado pela falta de fluxo sanguíneo no cérebro.
These are the symptoms of a heart attack.
Estes são os sintomas de um ataque cardíaco.
Chemotherapy is used to treat cancer.
A quimioterapia é usada para tratar o câncer.
Proper nutrition is very important and you must avoid foods that are high in cholesterol.
A nutrição adequada é muito importante e você deve evitar alimentos ricos em colesterol.
I need to go on a diet.
Eu preciso fazer dieta.
There is no cure for this virus, only a vaccine.
Não há cura para esse vírus, apenas uma vacina.
The nursing home is open 365 days a year.
O lar de idosos está aberto 365 dias por ano.
I don't like suffering from depression and anxiety.
Não gosto de sofrer de depressão e ansiedade.
Soap and water kill germs.
Água e sabão matam germes.
The dentist took X-rays of my teeth to check for cavities.
O dentista fez uma radiografia dos meus dentes para verificar se havia cáries.
My toothpaste has the same colors as my toothbrush.
Minha pasta de dente tem as mesmas cores da minha escova de dentes.

EMERGENCY & DISASTERS
EMERGÊNCIAS E DESASTRES

Help – Ajuda / **Fire** - Incêndio
Ambulance – Ambulância / **First aid** - Primeiros socorros
Emergency number - Número de emergência/**CPR** - RCP
Accident - Acidente / **A car accident** - Um acidente de carro
Death - Morte/ **Deadly** - Mortal / **Fatal** - Fatal
Lightly wounded - Levemente ferido
Moderately wounded - Moderadamente herido
Seriously wounded - Gravemente ferido
Fire truck - Caminhão de bombeiros
Siren – Sirene / **Fire extinguisher** - Extintor de incêndio
Police – Polícia / **Police station** - Delegacia de polícia
Robbery - Roubo / **Thief** - Ladrão

There is a fire. I need to call for help.
Há um incêndio. Eu preciso pedir ajuda.
I need to call an ambulance.
Eu preciso chamar uma ambulância.
That accident was bad.
Aquele acidente foi ruim.
The thief wants to steal my money.
O ladrão quer roubar meu dinheiro.
The car crash was fatal. In addition, to the two deaths, four others suffered serious injuries, one was moderately wounded, and two were lightly wounded.
O acidente de carro foi fatal. Além disso, nas duas mortes, outras quatro sofreram ferimentos graves, uma foi moderadamente ferida e duas foram levemente feridas.
To know how to perform CPR is a very important first-aid knowledge.
Saber executar a RCP é um conhecimento muito importante de primeiros socorros.
What's the emergency number in this country?
Qual é o número de emergência neste país?
The police are on their way.
A polícia está a caminho.
I must call the police station to report a robbery.
Devo ligar para a delegacia para denunciar um assalto.
The siren of the fire truck is very loud.
A sirene do caminhão de bombeiros está muito alta.
Where is the fire extinguisher?
Onde está o extintor de incêndio?

Fire hydrant - Boca de incêndio
Fireman - Bombeiro
Emergency situation - Situação de emergência
Explosion - Explosão
Rescue - Rescate
Natural disaster - Desastre natural
Destruction - Destruição / **Damage -** Dano
Hurricane – Furacão / **Tornado -** Tornado
Hurricane shelter - Abrigo de furacões
Flood - Inundação
Rain - Chuva
Weather / climate - Clima
Storm - Tempestade
Snowstorm - Tempestade de neve
Hail - Granizo
Refuge - Refúgio
Caused - Causado
Safety - Segurança
Drought - Seca / **Famine -** Fome / **Poverty -** Pobreza
Epidemic - Epidemia / **Pandemic -** Pandemia

It's prohibited to park by the fire hydrant in case of a fire.
É proibido estacionar junto à boca de incêndio em caso de incêndio.
When there is a fire, the first to arrive on scene are the firemen.
Quando há um incêndio, os primeiros a chegar ao local são os bombeiros.
There is a fire. I need to call for help.
Há um incêndio. Eu preciso pedir ajuda.
In an emergency situation everyone needs to be rescued.
Em uma situação de emergência, todos precisam ser resgatados.
The gas explosion led to a natural disaster.
A explosão de gás levou a um desastre natural.
We used the hurricane shelter as refuge.
Usamos o abrigo contra furacões como refúgio.
The hurricane caused a lot of destruction and damage in its path.
O furacão causou muita destruição e danos em seu caminho.
The tornado destroyed the town.
O tornado destruiu a cidade.
The drought led to famine and a lot of poverty.
A seca levou à fome e muita pobreza.
There were three days of floods following the storm.
Houve três dias de inundações após a tempestade.
This is a snowstorm and not a hail storm.
Esta é uma tempestade de neve e não uma tempestade de granizo.

Dangerous - Perigoso
Danger - Perigo
Warning - Atenção
Earthquake - Terremoto
Disaster - Desastre
Disaster area - Área de desastre
Evacuation - Evacuação
Mandatory - Obrigatório
Safe place - Lugar seguro
Blackout - Apagão
Rainstorm - Tempestade
Lightning - Relâmpago
Thunder - Trovão
Avalanche - Avalanche
Heatwave - Onda de calor
Rip current - Corrente de rasgo
Tsunami - Tsunami
Whirlpool - Hidromassagem

We need to stay in a safe place during the earthquake.
Precisamos ficar em um lugar seguro durante o terremoto.
Heatwaves are usually in the summer.
Ondas de calor são geralmente no verão.
This is a disaster area, therefore there is a mandatory evacuation order.
Esta é uma área de desastre, portanto, há uma ordem de evacuação obrigatória.
There was a blackout for three hours due to the rainstorm.
Houve um blecaute por três horas devido à tempestade.
Be careful during the snowstorm since there might be the risk of an avalanche.
Tenha cuidado durante a tempestade de neve, pois pode haver o risco de uma avalanche.
There is a tsunami warning today.
Hoje existe um alerta de tsunami.
You can't swim against a rip current.
Você não pode nadar contra uma corrente de retorno.
There is a deadly whirlpool in the ocean.
Há um redemoinho mortal no oceano.

HOME - CASA / LAR

Living room - Sala de estar
Couch - Sofá
Sofa - Sofá
Door - Porta
Closet - Armário
Stairway - Escada
Rug - Tapete
Curtain - Cortina
Window - Janela
Floor - Piso
Floor (as in level) **-** Andar
Fireplace - Lareira **/ Chimney -** Chaminé
Candle - Vela
Laundry detergent - Detergente para a roupa
Laundry - Lavanderia

He has a fireplace at his home.
Ele tem uma lareira em sua casa.
The living room is missing a couch and a sofa.
A sala está sem um sofá e um sofá.
I must buy a new door for my closet.
Preciso comprar uma nova porta para o meu armário.
The spiral staircase is beautiful.
A escada em espiral é linda.
There aren't any curtains on the windows.
Não há cortinas nas janelas.
I have a marble floor on the first floor and a wooden floor on the second floor.
Eu tenho um piso de mármore no primeiro andar e um piso de madeira no segundo andar.
I can only light this candle now.
Só posso acender esta vela agora.
I can clean the floors today and then I want to arrange the closet.
Hoje posso limpar o chão e depois arrumar o armário.
I need to wash the rug today with laundry detergent and then hang it to dry.
Hoje preciso lavar o tapete com detergente para a roupa e depois pendurá-lo para secar.

Silverware - Talheres
Knife – Faca **/ Fork** – Forquilha
Spoon – Colher **/ Teaspoon** - Colher de chá
Kitchen - Cozinha
A cup - Uma xícara
Plate – Prato **/ Bowl** - Taça
Napkin - Guardanapo
Table - Mesa
Placemat - Individual de mesa
Table cloth - Toalha de mesa
Glass (material) - Vidro
A glass (cup) - Um copo
Oven - Forno
Stove - Fogão
Pot (cooking) - Panela
Frying pan – Sartén
Shelve - Arquivar
Cabinet - Gabinete
Pantry - Despensa
Drawer - Gaveta

The knives, spoons, teaspoons, and forks are inside the drawer in the kitchen.
As facas, colheres, colheres de chá e garfos estão dentro da gaveta da cozinha.
There aren't enough cups, plates, and silverware on the table for everyone.
Não há xícaras, pratos e talheres em cima da mesa para todos.
The napkins are underneath the bowls.
Os guardanapos estão embaixo das tigelas.
I need to set the placemats on top of the table cloth.
Eu preciso colocar os jogos americanos em cima da toalha de mesa.
There is canned food in the pantry.
Há comida enlatada na despensa.
Where are the toothpicks?
Onde estão os palitos?
Can I use wine glasses on the shelf for the champagne?
Posso usar taças de vinho na prateleira para o champanhe?
The pizza is in the oven.
A pizza está no forno.
The pots and pans are in the cabinet.
Os tachos e panelas estão no armário.
The stove is broken.
O fogão está quebrado.

Bedroom - Quarto
Bed - Cama
Blanket – Manta **/ Bed sheet -** Lençol
Mattress – Colchão **/ Pillow -** Almofada
Mirror - Espelho
Chair - Cadeira
Dinning room - Sala de jantar
Hallway - Corredor
Towel - Toalha
A shower - Um banho **/ A bath -** Um banho
Bathtub - Banheira
Sink - Pia
Soap - Sabão
Bathroom - Banheiro
Bag - Saco/ **Box -** Caixa
Keys - Chaves

The master bedroom is at the end of the hallway, and the dining room is downstairs.
O quarto principal fica no final do corredor e a sala de jantar fica no térreo.
The mirror looks good in the bedroom.
O espelho fica bem no quarto.
I have to buy a new bed and a new mattress.
Eu tenho que comprar uma cama nova e um colchão novo.
Where are the blankets and bed sheets?
Onde estão os cobertores e lençóis?
My pillows are on the chair.
Meus travesseiros estão na cadeira.
These towels are for drying your hand.
Estas toalhas são para secar a mão.
The bathtub, shower, and the sink are new.
A banheira, o chuveiro e a pia são novos.
I need soap to wash my hands
Eu preciso de sabão para lavar minhas mãos
The guest bathroom is in the corner of the hallway.
O banheiro de hóspedes fica no canto do corredor.
How many boxes does he have?
Quantas caixas ele tem?
I want to put my items in the plastic bag.
Quero colocar meus itens na sacola plástica.
I need to bring my keys with me.
Preciso levar minhas chaves comigo.

Room - Quarto
Balcony - Varanda
Roof - Tecto
Ceiling - Tecto
Wall - Pared
Carpet - Tapete
Attic - Sótão
Basement - Porão
Trash - Lixo
Garbage can - Lata de lixo
Driveway - Entrada de automóveis
Garden / backyard - Jardim
Jar - Frasco
Doormat - Capacho

I can install new windows for my balcony.
Eu posso instalar novas janelas para minha varanda.
I must install a new roof.
Eu preciso instalar um novo telhado.
The color of my ceiling is white.
A cor do meu teto é branca.
I must paint the walls.
Eu devo pintar as paredes.
The attic is an extra room in the house.
O sótão é um quarto extra na casa.
The kids are playing either in the basement or the backyard.
As crianças estão brincando no porão ou no quintal.
All the glass jars are outside on the doormat.
Todos os frascos de vidro estão do lado de fora do capacho.
The garbage can is blocking the driveway.
A lata de lixo está bloqueando a entrada de automóveis.

Conclusion

You have now learned a wide range of sentences in relation to a variety of topics such as the home and garden. You can discuss the roof and ceiling of a house, plus natural disasters like hurricanes and thunderstorms.

The combination of sentences can also work well when caught in a natural disaster and having to deal with emergency issues. When the electricity gets cut you can tell your family or friends, "I can only light this candle now." As you're running out of the house, remind yourself of the essentials by saying, "I need to bring my keys with me."

If you need to go to a hospital, you have now been provided with sentences and the vocabulary for talking to doctors and nurses and dealing with surgery and health issues. Most importantly, you can ask, "What is the emergency number in this country?" When you get to the hospital, tell the health services, "The hurricane caused a lot of destruction and damage in its path," and "We used the hurricane shelter for refuge."

The three hundred and fifty words that you learned in part 1 should have been a big help to you with these new themes. When learning the Portuguese language, you are now more able to engage with people in Portuguese, which should make your travels flow a lot easier.

Part 3 will introduce you to additional topics that will be invaluable to your journeys. You will learn vocabulary in relation to politics, the military, and the family. The three books in this series all together provide a flawless system of learning the Portuguese language. When you visit Brazil you will now have the capacity for greater conversational learning.

When you proceed to Part 3 you will be able to expand your vocabulary and conversational skills even further. Your range of topics will expand to the office environment, business negotiations and even school.

Please, feel free to post a review in order to share your experience or suggest feedback as to how this method can be improved.

Conversational Brazilian-Portuguese Quick and Easy

The Most Innovative Technique to Learn the Portuguese Language

Part III

YATIR NITZANY

Translated by:
Gloria Cavallaho Lawerence

Introduction to the Program

You have now reached Part 3 of Conversational Portuguese Quick and Easy. In Part 1 you learned the 350 words that could be used in an infinite number of combinations. In Part 2 you moved on to putting these words into sentences. You learned how to ask for help when your house was hit by a hurricane and how to find the emergency services. For example, if you need to go to a hospital, you have now been provided with sentences and the vocabulary for talking to doctors and nurses and dealing with surgery and health issues. When you get to the hospital, you can tell the health services, "The hurricane caused a lot of destruction and damage in its path," and "We used the hurricane shelter for refuge."

In this third book in the series, you will find the culmination of this foreign language course that is based on a system using key phrases used in day-to-day life. You can now move on to further topics such as things you would say in an office. This theme is ideal if you've just moved to Portuguese for a new job. You may be about to sit at your desk to do an important task assigned to you by your boss but you have forgotten the details you were given. Turn to your colleagues and say, "I have to write an important email but I forgot my password." Then, if the reply is "Our secretary isn't here today. Only the receptionist is here but she is in the bathroom," you'll know what is being said and you can wait for help. By the end of the first few weeks, you'll have at your disposal terminology that can help reflect your experiences. "I want to retire already," you may find yourself saying at coffee break on a Monday morning after having had to go to your bank manager and say, "I need a small loan in order to pay my mortgage this month."

I came up with the idea of this unique system of learning foreign languages as I was struggling with my own attempt to learn Portuguese. When playing around with word combinations I discovered 350 words that when used together could make up an infinite number of sentences. From this beginning, I was able to start speaking in a new language. I then practiced and found that I could use the same technique with other languages, such as French, Portuguese, Italian and Arabic. It was a revelation.

This method is by far the easiest and quickest way to master other languages and begin practicing conversational language skills.

The range of topics and the core vocabulary are the main components of this flawless learning method. In Part 3 you have a chance to learn how to relate to people in many more ways. Sports, for example, are very important for keeping healthy and in good spirits. The social component of these types of activities should not be underestimated at all. You will, therefore, have much help when you meet some new people, perhaps in a bar, and want to say to them, "I like to watch basketball games," and "Today are the finals of the Olympic Games. Let's see who wins the World Cup."

For sports, the office, and for school, some parts of conversation are essential. What happens when you need to get to work but don't have any clean clothes to wear because of malfunctions with the machinery. What you need is to be able to pick up the phone and ask a professional or a friend, "My washing machine and dryer are broken so maybe I can wash my laundry at the public laundromat." When you finally head out after work for some drinks and meet a nice new man, you can say, "You can leave me a voicemail or send me a text message."

Hopefully, these examples help show you how reading all three parts of this series in combination will prepare you for all you need in order to boost your conversational learning skills and engage with others in your newly learned language. The first two books have been an important start. This third book adds additional vocabulary and will provide the comprehensive knowledge required.

OFFICE - ESCRITÓRIO

Boss - (male) Chefe**/ (female)** chefa
Employee - Empregado**/ (female)** Empregada
Staff - Pessoal
Meeting - Reunião **/ Conference room -** Sala de conferências
Secretary - Secretário**, (f)** secretária**/ Receptionist -** Recepcionista
Calendar - Calendário **/ Schedule -** Programação / horário
Supplies - Suprimentos
Pen - Caneta / **Ink -** Tinta / **Pencil -** Lápis**/ Eraser -** Borracha
Desk - Secretária**/ Cubicle –** Cubículo **/ Chair -** Cadeira
Office furniture - Móveis para escritório
Business card - Cartão de visita
Lunch break - Hora de almoço
Days off - Dias de folga
Briefcase - Maleta de mão / pasta
Bathroom - Banheiro

(Sentences formed from the words you just memorized)

My boss asked me to hand in the paperwork.
Meu chefe me pediu para entregar a papelada.
Our secretary isn't here today. The receptionist is here but she is in the bathroom.
Nossa secretária não está aqui hoje. A recepcionista está, mas ela está no banheiro.
The employee meeting can take place in the conference room.
A reunião dos funcionários pode ocorrer na sala de conferências.
My business cards are inside my briefcase.
Meus cartões de visita estão dentro da minha pasta.
The office staff must check their work schedule daily.
A equipe do escritório deve verificar seu horário de trabalho diariamente.
I am going to buy office furniture.
Eu vou comprar móveis de escritório.
There isn't any ink in this pen.
Não há tinta nesta caneta.
This pencil is missing an eraser.
Este lápis está sem a borracha.
Our days off are written on the calendar.
Nossos dias de folga estão escritos no calendário.
I need to buy extra office supplies.
Eu preciso comprar material extra de escritório.
I am busy until my lunch break.
Estou ocupado até a minha hora de almoço.

Laptop - Laptop
Computer - Computador
Keyboard - Teclado
Mouse - Mouse
Email - Correio eletrônico / email
Password - Senha
Attachment - Anexo
Printer - Impressora
Colored printer - Impressora colorida
To download - Para baixar **/ To upload** - Para carregar
Internet - Internet
Account - Conta
A copy - Uma cópia/ **To copy** - Copiar
Cut and paste - Cortar e colar
Fax - Fax
Scanner - Escaner **/ To scan** - Digitalizar
Telephone - Telefone
Charger - Carregador/ **To charge** - Carregar

I have to write an important email but I forgot my password for my account.
Tenho que escrever um e-mail importante, mas esqueci a senha da minha conta.
I need to purchase a computer, a keyboard, a printer, and a desk.
Preciso comprar um computador, um teclado, uma impressora e uma mesa.
Where is the mouse on my laptop?
Onde está o mouse no meu laptop?
The internet is slow today therefore it's difficult to upload or download.
A internet está lenta hoje, portanto, é difícil carregar ou baixar.
Do you have a colored printer?
Você tem uma impressora colorida?
I needed to fax the contract but instead, I decided to send it as an attachment in the email.
Eu precisava enviar o contrato por fax, mas decidi enviá-lo como anexo no email.
One day, the fax machine will be completely obsolete.
Um dia, o aparelho de fax ficará completamente obsoleto.
Where is my phone charger?
Onde está o meu carregador de telefone?
The scanner is broken.
O escaner está quebrado.
The telephone is behind the chair.
O telefone está atrás da cadeira.

Shredder - Trituradora
Copy machine - Copiadora
Filing cabinet - Armário de arquivo
Paper - Papel / **Page -** Página
Paperwork - Papelada
Portfolio - Portfolio
Files - Arquivos
Document - Documento
Contract - Contrato
Records - Registros / **Archives -** Arquivos
Deadline - Prazo
Binder - Fichário
Paper clip - Clipe de papel
Stapler - Grampeador / **Staples -** Grambos
Mail - Correio
Letter - Carta / **Stamp –** Selo / **Envelope -** Envelope
Data - Dados
Analysis - Análise
Highlighter - Marca-texto / **To highlight -** Destacar
Marker - Marcador
Ruler - Régua

The supervisor at our company is responsible for data analysis.
O supervisor da nossa empresa é responsável pela análise dos dados.
The copy machine is next to the telephone.
A copiadora fica ao lado do telefone.
The ruler is next to the shredder.
A régua está próxima ao triturador.
I can't find my stapler, paper clips, nor my highlighter in my cubicle.
Não consigo encontrar meu grampeador, clipes de papel nem meu marcador no meu cubículo.
The filing cabinet is full of documents.
O armário de arquivos está cheio de documentos.
The garbage can is full of papers.
A lata de lixo está cheia de papéis.
Give me the file because today is the deadline.
Dê-me o arquivo, porque hoje é o prazo.
Where do I put the binder?
Onde coloco o fichário?
I need a stamp and an envelope.
Eu preciso de um selo e um envelope.
There is a letter in the mail.
Há uma carta no correio.

SCHOOL - ESCOLA

Student - Estudante
Teacher - Professor, **(f)** professora
Substitute teacher - Professor substituto **/ (f)** professor substituta
A class - Uma aula
A classroom - Uma sala de aula
Education - Educação
Private school - Escola particular / **Public school -** Escola pública
Elementary school - Ensino fundamental
Middle school - Ensino superior / **High school -** Ensino superior
University - Universidade**/ College -** Faculdade
Grade (level) - Nível**/ Grade** (grade on a test) - Nota
Pass - Passou **/ Fail -** Reprovar
Absent - Ausente / **Present -** Presente

The classroom is empty.
A sala de aula está vazia.
I want to bring my laptop to class today.
Quero trazer meu laptop para a aula hoje.
Our math teacher is absent and therefore a substitute teacher replaced him.
Nosso professor de matemática está ausente e, portanto, um professor substituto o substituiu.
All the students are present.
Todos os alunos estão presentes.
Make sure to pass your classes because you can't fail this semester.
Certifique-se de passar nas aulas, porque você não pode ser reprovado neste semestre.
The education level at a private school is much more intense.
O nível de escolaridade de uma escola particular é muito mais intenso.
I went to a public elementary and middle school.
Eu frequentei uma escola pública de ensino fundamental e médio.
I have good memories of high school.
Eu tenho boas lembranças do ensino médio.
You must get good grades on your report card.
Você deve obter boas notas no boletim.
My son is in ninth grade.
Meu filho está na nona série.
College textbooks are expensive.
Os livros didáticos da faculdade são caros.
I want to study at an out-of-state university.
Eu quero estudar em uma universidade fora do estado.

Subject - Tema
History – História / **Geography** - Geografía
Science – Ciências / **Chemistry** - Química / **Physics** - Física
Math - Matemáticas
Addition - Somar / **Subtraction** - Substração
Division - Divisão / **Multiplication** - Multiplicação
Language - Língua / **Foreign language** - Língua estrangeira
English – Inglês
Physical education - Educação física
Chalk - Giz / **Board** - Quadro
Report card - Boletim de notas
Alphabet - Alfabeto / **Letters** - Letras / **Words** - Palavras
To review - Revisar
Dictionary - Dicionário
Detention – Detenção / **The principle** - O diretor da escola

At school, geography is my favorite subject, English is easy, math is hard, and history is boring.
Na escola, a geografia é minha matéria favorita, o inglês é fácil, a matemática é difícil e a história é chata.
After English class, there is physical education.
Depois da aula de inglês, há educação física.
Today's math lesson is on addition and subtraction. Next month it will be division and multiplication.
A lição de matemática de hoje é sobre soma e subtração. No próximo mês será divisão e multiplicação.
This year for foreign language credits, I want to choose Spanish and French.
Este ano, para créditos em língua estrangeiras, quero escolher espanhol e francês.
I want to buy a dictionary, thesaurus, and a journal for school.
Quero comprar um dicionário, um dicionário de sinônimos e um diário para a escola.
The teacher needs to write the homework on the board with chalk.
O professor precisa escrever a lição de casa no quadro com giz.
Today the students have to review the letters of the alphabet
Hoje os alunos têm que revisar as letras do alfabeto.
The teacher wants to teach roman numerals.
O professor quer ensinar números romanos.
If you can't behave then you must go to the principal's office, and maybe stay after school for detention.
Se você não consegue se comportar, deve ir ao escritório do diretor e talvez ficar depois da escola para detenção.

Test - Teste/ **Quiz** - Prova
Lesson - Lição / **Notes** - Notas
Homework - Lição de casa/ **Assignment** - Tarefa / **Project** - Projeto
Pencil - Lápis/ **Eraser** - Borracha / **Pen** - Caneta/ **Ink** - Tinta
Crayons - Lápis de cor / giz de cor / **Backpack** - Mochila
Book - Livro / **Folders** - Pastas/ **Notebook** - Caderno / **Papers** - Papéis
Calculator – Calculadora / **Scissors** - Tesouras
Glue - Cola / **Adhesive tape** - Fita adesiva
Lunchbox - Lancheira / **Lunch** - Almoço / **Cafeteria** - Lanchonete
Kindergarten - Jardim de Infância / **Pre-school** - Pré-escolar
Day care - Creche
Triangle - Triângulo/ **Square** - Quadrado/ **Circle** - Círculo

Today, we don't have a test but we have a surprise quiz.
Hoje, não temos um teste, mas temos um teste surpresa.
Are a pen, a pencil, and an eraser included with the school supplies?
Uma caneta, um lápis e uma borracha estão incluídos no material escolar?
I think my notepad and calculator are in my backpack.
Acho que meu bloco de notas e calculadora estão na minha mochila.
All my papers are in my folder.
Todos os meus papéis estão na minha pasta.
I need glue and scissors for my project.
Preciso de cola e tesoura para o meu projeto.
I need tape and a stapler to fix my book.
Preciso de fita adesiva e um grampeador para consertar meu livro.
You have to concentrate in order to take notes.
Você precisa se concentrar para fazer anotações.
The school librarian wants to invite the art and music teacher to the library next week.
O bibliotecário da escola quer convidar o professor de arte e música para a biblioteca na próxima semana.
For lunch, your children can purchase food at the cafeteria or they can bring food from home.
Para o almoço, seus filhos podem comprar comida na lanchonete ou podem levar comida de casa.
I forgot my lunchbox and crayons at home.
Esqueci minha lancheira e giz de cor em casa.
To draw shapes such as a triangle, square, circle, and rectangle is easy.
É fácil desenhar formas como triângulo, quadrado, círculo e retângulo.
During the week, my youngest child is at daycare, my middle one is in pre-school, and the oldest is in kindergarten.
Durante a semana, meu filho está na creche, meu filho do meio está na pré-escola e o mais velho está no jardim de infância.

PROFESSION - PROFISSÃO

Psychologist - Psicólogo, / **(f)**psicóloga
Psychiatrist - Psiquiatra, / **(f)** psiquiatra
Veterinarian - Veterinário/ **(f)** veterinaria
Lawyer - Advogado / **Judge** - Un Juiz/ **(f)** una juiza
Pilot - Piloto / **Flight attendant** - Comissária de bordo
Reporter - Repórter / **Journalist** - Journalista
Electrician - Eletricista/ **Mechanic** - Mecânico
Investigator - Investigador, **(f)** investigadora / **Detective** - Detetive
Translator - Tradutor/ **(f)** tradutora
Producer - Produtor/ **Director** - Diretor

What's your profession?
Qual é a sua profissão?
I am going to medical school to study medicine because I want to be a doctor.
Eu estou indo para a faculdade de medicina para estudar medicina, porque eu quero ser um médico.
There is a difference between a psychologist and a psychiatrist.
Há uma diferença entre um psicólogo e um psiquiatra.
Most children want to be astronauts, veterinarians, or athletes.
A maioria das crianças querem ser astronautas, veterinárias ou atletas.
The judge spoke to the lawyer at the court house.
O juiz falou com o advogado no tribunal.
The police investigator needs to investigate this case.
O investigador de polícia precisa investigar este caso.
Being a detective could be a fun job.
Ser um detetive pode ser um trabalho divertido.
The flight attendant and the pilot are on the plane.
A comissária de bordo e o piloto estão no avião.
I am a certified electrician.
Eu sou um eletricista certificado.
The mechanic overcharged me.
O mecânico me cobrou a mais.
The best translators work at my company.
Os melhores tradutores trabalham na minha empresa.
Are you a photographer?
Você é um fotógrafo?
The author wants to hire a ghostwriter to write his book.
O autor quer contratar um escritor fantasma para escrever seu livro.
I want to find the directors of the company.
Eu quero encontrar os diretores da empresa.

Artist (performer) **-** Artista / **Artist** (draws paints picture) - Pintor
Author - Autor / **(f)** autora
Painter - Pintor / **(f)** pintora
Dancer - Dançarina
Writer - Escritor / **(f)** escritora
Photographer - Fotógrafo / **(f)** fotógrafa
A cook - Um cozinheiro / **(f)** um cozinheira
Waiter - Garçom / **(f)** garçonete / **Bartender -** Barman
Barber - Barbeiro / **Barber shop –** Barbearia / **Stylist -** Estilista
Maid - Empregada doméstica / **Caretaker -** Acompanhante
Farmer – Agricultor / **Gardner -** Jardineiro
Mailman - Carteiro
A guard - Um guarda
A cashier - Caixa

The artist drew a sketch.
O artista desenhou um esboço.
The artist produced this artwork for her catalog.
A artista produziu esta obra para seu catálogo.
I want to apply as a cook at the restaurant instead of as a waiter.
Quero me inscrever como cozinheira no restaurante, e não como garçom.
The gardener can only come on weekdays.
O jardineiro só pode vir durante a semana.
I have to go to the barbershop now.
Eu tenho que ir à barbearia agora.
Being a bartender isn't an easy job.
Ser um barman não é uma tarefa fácil.
Why do we need another maid?
Por que precisamos de outra empregada?
I need to file a complaint against the mailman.
Preciso registrar uma queixa contra o carteiro.
I am a part-time painter.
Eu sou um pintor a meio tempo.
She was a dancer at the play.
Ela era dançarina na peça.
You need to contact the insurance company if you want to find another caretaker.
Você precisa entrar em contato com a companhia de seguros se quiser encontrar outro acompanhante.
The farmer can sell us ripened tomatoes today.
O agricultor pode nos vender hoje tomates maduros.
I want to be a journalist.
Eu quero ser jornalista.

BUSINESS - NEGÓCIOS

A business - Um negócio / **Company** - Empresa / **Factory** - Fábrica
Position - Posição / **Work, job** - Trabalho, emprego
A professional - Um professional/**Employee** - Empregado/ (f) Empregada
Manager - Gerente/**Management** – Gerenciamento/administração/gerência
Owner – Proprietário,(f)proprietária / **Secretary** – Secretário,(f)secretária
An interview - Uma entrevista / **Résumé** - Currículo
Presentation – Apresentação / **Specialist** - Especialista
To hire - Contratar / **To fire** - Despedir
Pay check - Cheque de pagamento / **Income** - Renda/ **Salary** - Salário
Insurance - Seguros / **Benefits** - Benefícios
Trimester - Trimestre/**Budget** – Orçamento/**Net** - Líquido/**Gross** - Bruto
To retire - Aposentar-se / **Pension** - Pensão

I need a job.
Eu preciso de um emprego.
She is the secretary of the company.
Ela é a secretária da empresa.
The manager needs to hire another employee.
O gerente precisa contratar outro funcionário.
I am lucky because I have an interview for a cashier position today.
Tenho sorte porque hoje tenho uma entrevista para uma posição de caixeiro.
How much is the salary and does it include benefits?
Quanto é o salário e inclui benefícios?
Management has your résumé and they need to show it to the owner of the company.
A gerência possui seu currículo e eles precisam mostrá-lo ao proprietário da empresa.
I am at work at the factory now.
Agora estou trabalhando na fábrica.
In business, you should be professional.
Nos negócios, você deve ser profissional.
Is the presentation ready?
A apresentação está pronta?
The first trimester is part of the annual budget.
O primeiro trimestre faz parte do orçamento anual.
I have to see the net and gross profits of the business.
Eu tenho que ver os lucros líquidos e brutos do negócio.
I want to retire already.
Eu já quero me aposentar.

Broker - Corretor **/ (f)** Corretora **/ Salesperson** - Vendedor**/ (f)** vendedora
Realtor - Corretor de imóveis **/ (f)** corretora de imóveis
Real estate - Imóveis **/ Real estate agency** - Agência imobiliária
A lease - Contrato de aluquel **/ To lease** - Alugar
To invest - Inversão **/ Investment** - Inversão **/ Investor** - Investidor
Economy - Economia **/ Mortgage** - Hipoteca **/ A loan** - Um empréstimo
Interest rate - Taxa de juros **/ Commission** - Comissão
Percent – Porcentagem**/Value** - Valor **/A sale** - Uma venda **/Profit** - Lucro
Landlord - Proprietário, **(f)** Proprietária**/ Tenant** - Inquilino, **(f)** inquilina
The demand - A demanda **/ The supply** - A oferta
Client – Cliente **/ A contract** - Um contrato **/ Terms** – Termos
A purchase - Uma compra **/ Signature** - Assinatura**/ Initials** - Stet
Stocks - Ações**/ Stock broker** - Corretor da bolsa
Advertisement - Publicidade**/ Ads** - Anúncios

I can earn a huge profit from stocks.
Eu posso obter um lucro enorme com as ações.
The demand in the real estate market depends on the economy.
A demanda no mercado imobiliário depende da economia.
If you want to sell your home, I can recommend a very good realtor.
Se você quiser vender sua casa, posso recomendar um corretor de imóveis muito bom.
The investor wants to invest in this shopping center because he says it has good potential.
O investidor quer investir nesse shopping porque diz que tem um bom potencial.
The value of the property increased by twenty percent.
O valor da propriedade aumentou 20%.
How much is the commission on the sale?
Quanto custa a comissão pela venda?
The client wants to lease instead of purchasing the property.
O cliente deseja alugar em vez de comprar o imóvel.
What are the terms of the purchase?
Quais são os termos da compra?
I can negotiate a better interest rate.
Eu posso negociar uma melhor taxa de juros.
I need a small loan in order to pay my mortgage this month.
Preciso de um pequeno empréstimo para pagar minha hipoteca este mês.
I need a signature and an initial on the contract.
Eu preciso de uma assinatura e uma stet no contrato.
My position in the company is marketing and for advertising and ads.
Minha posição na empresa é marketing e por publicidade e anúncios.

Money - Dinheiro
Currency - Moeda
Cash - Espécime / **Coins** - Moedas
Change (change for a bill) - Troco
Credit - Crédito
Tax - Imposto
Price - Preço
Invoice - Fatura
Inventory - Inventário
Merchandise - Mercadoria
A refund - Um reembolso
Product - Produto
Produced - Produzido
Retail – Varejo / **Wholesale** - Venda por atacado
Imports - Importação/ **Exports** - Exportação
To ship - Enviar / **Shipment** - Remessa

Don't forget to bring cash with you.
Não se esqueça de trazer dinheiro em espécime com você.
Do you have change for a $100 bill?
Você tem troco para uma nota de US $ 100?
I don't have a credit card.
Eu não tenho cartão de crédito.
The salesperson told me there is no refund.
O vendedor me disse que não há reembolso.
This product is produced in Italy.
Este produto é produzido na Itália.
I work in the export/import business.
Eu trabalho no negócio de exportação / importação.
Let me check my inventory.
Deixe-me verificar meu inventário.
This product is covered by insurance.
Este produto é coberto pelo seguro.
This invoice contains a mistake.
Esta fatura contém um erro.
What is the wholesale and retail value of this shipment?
Qual é o valor de atacado e varejo dessa remessa?
You don't have enough money to purchase the merchandise.
Você não tem dinheiro suficiente para comprar a mercadoria.
How much does the shipping cost and is it in US currency?
Quanto custa o frete e está na moeda dos EUA?
There is a tax exemption on this income.
Há uma isenção de imposto sobre essa renda.

SPORTS - ESPORTES

Basketball - Basquete / **Soccer** - Futebol / **Baseball** - Beisebol
Game - Jogo/ **Stadium** - Estádio / **Ball** - Pelota
Player - Jogador/ **(f)** jogadora
To jump - Pular/ **To throw** - Jogar
To kick - Chutar/ **To catch** - Pegar
Coach - Treinador/ **(f)** treinadora/ **Referee** - Árbitro
Competition - Competição
Team - Equipe / **Teammate** - Companheiro de equipe
National team - Seleção nacional
Opponent - Adversário
Half time - Intervalo/ **Finals** - Finais
Score - Pontuação/ **Scores** – Pontuações/ **Penalty** - Penalidade
Goal - Objetivo / **The goal** - O gol
To lose - Perder / **A Defeat** - A Derrota
To win - Ganhar/ **A victory** - Uma vitória
The looser - O perdedor / **The winner** - O vencedor
Fans - Aficionados, Fãs
Field - Campo
Helmet - Capacete / **A whistle** - Um apito
Basket - Cesta

I like to watch basketball games.
Eu gosto de assistir jogos de basquete.
Soccer is my favorite sport.
O futebol é meu esporte favorito.
I have tickets to a football game at the stadium.
Eu tenho ingressos para um jogo de futebol no estádio.
To play basketball, you need to be good at shooting and jumping.
Para jogar basquete, você precisa ser bom em atirar e pular.
The national team has a lot of fans.
A equipe nacional tem muitos fãs.
My teammate can't find his baseball helmet.
Meu companheiro de equipe não consegue encontrar o capacete de beisebol.
The coach needs to bring his team today to meet the new referee.
O treinador a equipe estavam no campo durante o intervalo.
Our opponents went home after their defeat.
Nossos oponentes foram para casa após a derrota.
The player received a penalty for kicking the ball in the wrong goal.
O jogador recebeu uma penalidade por chutar a bola no gol errado.
Not every person likes sports.
Nem toda pessoa gosta de esportes.

Athlete - Atlet, **(f)** Atleta / **Olympics** - Jogos Olímpicos
World cup - Copa do Mundo/**Captain** - Capitão/**Judge** - Juiz, **(f)** juiza
Bicycle - Bicicleta/ **Cyclist** - Ciclista / **Swimming** - Natação
Wrestling - Luta livre / **Boxing** - Boxe / **Martial arts** - Artes marciais
Championship - Campeonato / **Award** - Prêmio / **Tournament** - Torneio
Horse racing - Corridas de cavalos / **Racing** - Corridas
Pool (billiards) - Bilhar/ **Pool** (swimming pool) - Piscina
Exercise - Exercício / **Fitness** - Estaremformal / condicionamento físico
Gym - Academia / **Track** - Faixa, pista / **Skating** - Patinação
A match - Uma partida/**Rules** - Regras/**Trainer** - Treinador/(f)treinadora

Today are the finals for the Olympic Games.
Hoje são as finais dos Jogos Olímpicos.
Let's see who wins the World Cup.
Vamos ver quem ganha a Copa do Mundo.
I want to compete in the cycling championship.
Eu quero competir no campeonato de ciclismo.
I am an athlete so I must stay in shape.
Como sou atleta, devo ficar em forma.
After my boxing lesson, I want to go and swim in the pool.
Depois da minha aula de boxe, quero nadar na piscina.
He will receive an award because he is the winner of the martial-arts tournament.
Ele receberá um prêmio por ser o vencedor do torneio de artes marciais.
The wrestling captain must teach his team the rules of the sport.
O capitão de luta livre deve ensinar à sua equipe as regras do esporte.
At the horse-racing competition, the judge couldn't announce the score.
Na competição de corridas de cavalos, o juiz não pôde anunciar o placar.
There is a bicycle race at the park today.
Hoje há uma corrida de bicicleta no parque.
This fitness program is expensive.
Este programa de condicionamento físico é caro.
It's healthy to go to the gym every day.
É saudável ir à academia todos os dias.
Weightlifting is good exercise.
Halterofilismo é um bom exercício.
I want to run on the track today.
Eu quero correr na pista hoje.
I like to win in billiards.
Eu gosto de ganhar no bilhar.
Skateboarding is forbidden here.
O skate está proibido aqui.

OUTDOOR ACTIVITIES - ATIVIDADES AO AR LIVRE

Hiking – Caminhadas / **Hiking trail -** Pista de caminhada
Pocket knife - Canivete
Compass - Bússola
Camping - Campismo / **Campground -** Acampamento
Tent – Tenda / **RV -** Casa rodante
Campfire - Fogueira de acampamento
Matches - Jogos/ **Lighter -** Isqueiro
Coal – Carvão / **Flame –** Chama / **The smoke -** A fumaça
Fishing / to fish - Pescar
Fishing pole - Vara de pesca / **Fishing line -** Linha de pesca
Hook - Gancho / **A float -** Flotador / **A weight -** Um peso / **Bait -** Isca
Fishing net - Rede de pesca
To hunt – Caçar / **Rifle -** Fuzil

I enjoy hiking on the trail, with my compass and my pocketknife.
Gosto de caminhar na trilha, com minha bússola e meu canivete.
Don't forget the water bottle in your backpack.
Não esqueça a garrafa de água na sua mochila.
There aren't any tents at the campground.
Não há tendas no acampamento.
I want to sleep in an RV instead of a tent.
Eu quero dormir em um trailer em vez de em uma barraca.
We can use a lighter to start a campfire.
Podemos usar um isqueiro para iniciar uma fogueira.
We need coal and matches for the camping trip.
Precisamos de carvão e fósforos para o acampamento.
Put out the fire because the flames are very high and there is a lot of smoke.
Apague o fogo porque as chamas são muito altas e há muita fumaça.
There is fog outside and the temperature is below freezing.
Há neblina lá fora e a temperatura está abaixo de zero.
Where is the fishing store? I need to buy hooks, fishing line, bait, and a net.
Onde fica a loja de pesca? Preciso comprar anzóis, linha de pesca, isca e uma rede.
You can't bring your fishing pole or your hunting rifle to the campground of the State Park because there is a sign there which says, "No fishing and no hunting."
Você não pode levar sua vara de pescar ou seu rifle de caça para o acampamento do Parque Estadual, porque há uma placa dizendo: "Proibido pescar e não caçar".

Sailing - Navegação
A sail - Uma vela
Sailboat - Veleiro
Rowing – Remo / **A paddle** - Um remo
Motor - Motor
Canoe – Canoa / **Kayak** - Caiaque
Rock climbing - Escalada de rocha
Horseback riding - Cavalgadas
Diver - Mergulhador/ **(f)** mergulhadora
Scuba diving - Mergulho
Skydiving - Paraquedismo
Parachute - Pára-quedas / **Paragliding** - Parapente
Hot air balloon - Balão de ar quente
Kite - Pipa
Surfing – Surf / **Surf board** - Prancha de surf
Skiing - Esqui / **Ice skating** - Patinação no gelo

With a broken motor, we need a paddle to row the boat.
Com um motor quebrado, precisamos de uma raquete para remar o barco.
It's important to know how to use a sail before sailing on a sailboat.
É importante saber como usar uma vela antes de navegar em um veleiro.
In my opinion, a kayak is much more fun than a canoe.
Na minha opinião, um caiaque é muito mais divertido do que uma canoa.
Do I need to bring my scuba certification in order to scuba dive at the reef?
Preciso trazer minha certificação de mergulho para mergulhar no recife?
I have my mask, snorkel, and fins.
Eu tenho minha máscara, snorkel e nadadeiras.
I don't know which is scarier, sky diving or paragliding.
Não sei o que é mais assustador, paraquedismo ou parapente.
There are several outdoor activities here including rock climbing and horseback riding.
Existem várias atividades ao ar livre aqui, incluindo escalada e passeios a cavalo.
My dream was always to fly in a hot-air balloon.
Meu sonho sempre foi voar em um balão de ar quente.
We are going skiing on our next vacation.
Vamos esquiar nas próximas férias.
Where is the surfboard? I want to surf the waves at the beach tomorrow.
Onde está a prancha? Eu quero surfar as ondas na praia amanhã.
Ice skating is fun.
Patinar no gelo é divertido.

ELECTRICAL DEVICES - DISPOSITIVOS ELÉTRICOS

Electric - Elétrico / **Electricity** - Eletricidade / **Electronic** - Eletrônica
Appliance - Aparelho
Oven - Forno / **Stove** – Fogão / **Microwave** - Microondas
Refrigerator - Geladeira/ **Freezer** - Congelador
Coffee maker - Cafeteira / **Coffee pot** - Cafeteira
Toaster - Torradeira
Dishwasher - Lava-louças
Laundry machine - Máquina de lavar roupa / **Laundry** - Lavanderia
Dryer - Secadora
Fan - Ventilador / **Air condition** - Ar condicionado
Alarm – Alarme / **Smoke detector** - Detector de fumaça
Remote control - Controle remote / **Battery** - Bateria

He needs to pay his electric bill if he wants electricity.
Ele precisa pagar sua conta de eletricidade se quiser eletricidade.
I need to purchase a few things at the electronic store and at the appliance store tomorrow.
Preciso comprar algumas coisas na loja de eletrônicos e na loja de eletrodomésticos amanhã.
I can't put plastic utensils in the dishwasher.
Não colocar utensílios de plástico na máquina de lavar louça.
I am going to get rid of my microwave and oven because they are not functioning.
Vou jogar fora o microondas e o forno porque eles não estão funcionando.
The refrigerator and freezer aren't cold enough.
A geladeira e o freezer não estão frios o suficiente.
The coffee maker and toaster are in the kitchen.
A cafeteira e a torradeira estão na cozinha.
My washing machine and dryer do not function therefore I must wash my laundry at the public laundromat.
Minha máquina de lavar e secar roupa não funciona, portanto, devo lavar minhas roupas na lavanderia pública.
Is this fan new?
Este ventilador é novo?
Unfortunately, the new air conditioner unit hasn't been delivered yet.
Infelizmente, a nova unidade de ar condicionado ainda não foi entregue.
Is that annoying sound the alarm clock or the fire alarm?
Esse som irritante é do despertador ou do alarme de incêndio?
The smoke detector needs new batteries.
O detector de fumaça precisa de pilhas novas.

A clock / a watch - Um relógio
Vacuum cleaner – Aspirador / **Door bell** – Campainha
Phone - Telefone
Text message - Mensagem de texto/ **Voicemail** - Correio de voz
Flashlight – Lanterna / **Light** - Luz
Furnace - Forno / **Heater** - Aquecedor
Cord - Cabo / **Charger** - Carregador / **Outlet** - Tomada
Headsets - Fones de ouvido
Lawn mower - Cortador de grama

The clock is hanging on the wall.
O relógio está pendurado na parede.
The cordless stereo is on the table.
O aparelho de som sem fio está sobre a mesa.
I still have a home telephone.
Eu ainda tenho um telefone residencial.
I need to buy a lamp and a vacuum cleaner today.
Preciso comprar uma lâmpada e um aspirador hoje.
In the past, cameras were more common. Today, everyone can use their phones to take pictures.
No passado, as câmeras eram mais comuns. Hoje, todos podem usar seus telefones para tirar fotos.
You can leave me a voicemail or send me a text message.
Você pode me deixar uma mensagem de voz ou me enviar uma mensagem de texto.
The lights don't function when there is a blackout therefore I must rely on my flashlight.
As luzes não funcionam quando há um apagão, portanto, devo confiar na minha lanterna.
I can't hear the doorbell.
Não consigo ouvir a campainha.
There is a higher risk of causing a house fire from an electric heater than a furnace.
Existe um risco maior de causar incêndio na casa por um aquecedor elétrico do que por um forno.
I need to connect the cord to the outlet.
Preciso conectar o cabo à tomada.
His lawnmower is very noisy.
O cortador de grama é muito barulhento.
Why is my headset on the floor?
Por que meu fone de ouvido está no chão?

TOOLS – FERRAMENTAS

Carpenter - Carpinteiro
Hammer - Martelo **/ Saw** - Serra **/ Axe** - Machado
A drill - Furadeira**/ To drill** - Furar
Nail - Prego **/ A screw** - Um parafuso
Screwdriver - Chave de fenda
Wrench - Chave **/ Pliers** - Alicates
Paint brush - Pincel **/ To paint** - Pintar**/ The paint** - A pintura
Ladder - Escada
Rope - Corda **/ String** - Corda
A scale - Uma escala **/ Measuring tape** - Fita métrica
Machine - Máquina
A lock - Uma fechadura**/ Locked** - Trancada**/ To lock** - Trancar
Equipment - Equipamento
Metal - Metal **/ Steel** - Aço**/ Iron** - Ferro
Broom – Vassoura **/ Dust pan** - Reservatório de pó
Mop – Esfregona **/ Bucket** - Balde**/ Sponge** - Esponja
Shovel - Pá **/ A trowel** - Espátula

The carpenter needs nails, a hammer, a saw, and a drill.
O carpinteiro precisa de pregos, um martelo, uma serra e uma furadeira.
The string is very long. Where are the scissors?
O cordão é muito longo. Onde estão as tesouras?
The screwdriver is in the toolbox.
A chave de fenda está na caixa de ferramentas.
This tool can cut through metal.
Esta ferramenta pode cortar metal.
The ladder is next to the tools.
A escada está ao lado das ferramentas.
I must buy a brush to paint the walls.
Preciso comprar um pincel para pintar as paredes.
The paint bucket is empty
O balde de tinta está vazio.
It's better to tie the shovel with a rope in my truck.
É melhor amarrar a pá com uma corda no meu caminhão.
How can I fix this machine?
Como posso consertar esta máquina?
The broom and dust pan are with the rest of my cleaning equipment.
A vassoura e a bandeja de pó estão com o resto do meu equipamento de limpeza.
Where did you put the mop and the bucket?
Onde você colocou a esfregona e o balde?

CAR - CARRO / AUTOMÓVEL

Engine - Motor
Ignition - Ignição
Steering wheel - Volante
Automatic - Automático
Manual - Manual
Gear shift - Troca de marchas / mudança de marchas
Seat - Assento
Seat belt - Cinto de segurança
Airbag - Bolsa de ar
Brakes - Freios
Hand brake - Freio de mão
Baby seat - Assento de bebê
Driver seat - Banco do conductor **/ Passenger seat -** Banco de passageiro
Front seat - Banco da frente **/ Back seat -** Banco traseiro
Car passenger - Automóvel
Warning light - Luz de aviso
Button - Botão
Horn (of the car) **-** Buzina

When driving, both hands must be on the steering wheel.
Ao dirigir, as duas mãos devem estar no volante.
I must take my car to my mechanic because there is a problem with the ignition.
Devo levar meu carro ao meu mecânico, porque há um problema com a ignição.
What's happened to the engine?
O que aconteceu com o motor?
The seat is missing a seat belt.
Está faltando um cinto no banco.
I prefer a gear shift instead of an automatic car.
Eu prefiro uma mudança de marchas em vez de um carro automático.
The brakes are new in this vehicle
Os freios são novos neste veículo.
This vehicle doesn't have a hand break.
Este veículo não possui freio de mão.
There is an airbag on both the driver side and the passenger side.
Há uma bolsa de ar no lado do motorista e no passageiro.
The baby seat is in the back seat.
O assento do bebê está no banco de trás.
The warning light button is located next to the stirring wheel.
O botão da luz de aviso está localizado do lado do ao volante.

Windshield - Pára-brisa
Windshield wiper - Limpador de pára-brisa
Windshield fluid - Líquido de pára-brisa
Rear view mirror - Espelho retrovisor
Door handle - Maçaneta para portas
Spare tire - Pneu sobresselente
Trunk - Porta malas
Hood (of the vehicle) **-** Capô
Side mirror - Espelho lateral
Alarm - Alarme
Window - Janela
Drive license - Carteira de motorista
License plate - Matrícula
Gas - Gás
Low fuel - Baixo combustível
Flat tire - Pneu furado
Crowbar - Pé-de-cabra
A jack - Um macaco
A lock - Uma fechadura
To lock - Para tramcar / **Locked –** Trancado

The windshield and all four of my car windows are cracked.
O para-brisa e todas as quatro janelas do meu carro estão rachadas.
I want to clean my rear-view mirror and my side mirrors.
Quero limpar meu espelho retrovisor e meus espelhos laterais.
My car doesn't have an alarm.
Meu carro não tem alarme.
Does this car have a spare tire in the trunk?
Este carro tem um pneu sobressalente no porta-malas?
Please, close the car door.
Por favor, feche a porta do carro.
Where is the nearest gas station?
Onde está o posto de gasolina mais próximo?
The windshield wipers are new.
Os limpadores de pára-brisa são novos.
The door handle on the driver's side is broken.
A maçaneta da porta do lado do motorista está quebrada.
Your license plate has expired.
Sua placa expirou.
I need to renew my driving license today.
Preciso renovar minha carteira de motorista hoje.
Are the car doors locked?
As portas do carro estão trancadas?

NATURE - NATUREZA

A plant - Uma planta
Forest – Floresta / **Wood** - Madeira
Tree - Árvore / **Trunk** - Tronco / **Branch** - Galho
Leaf - Folha / **Root** - Raiz
Rain forest - Floresta tropical / **Tropical** - Tropical
Palm tree - Palmeira
Flowers - Flores / **Petal** - Pétala / **Blossom** - Florescendo
Stem - Caule / **Seed** – Semente / **Nectar** - Néctar / **Pollen** - Pólen
Rose - Rosa
Vegetation - Vegetação / **Bush** - Arbusto
Grass - Grama
Season - Temporada
Spring - Primavera / **Summer** - Verão
Winter - Inverno / **Autumn** - Outono

I want to collect a few leaves during the fall.
Eu quero coletar algumas folhas durante o outono.
There aren't any plants in the desert during this season.
Não há plantas no deserto durante esta temporada
The trees need rain.
As árvores precisam de chuva.
The trunk, the branches, and the roots are all parts of the tree.
O tronco, os galhos e as raízes são todas partes da árvore.
Palm trees can only grow in a tropical climate.
As palmeiras só podem crescer em clima tropical.
My rose bushes are beautiful.
Minhas roseiras são lindas.
Where can I plant the seeds?
Onde posso plantar as sementes?
I must cut the grass and vegetation in my garden.
Eu devo cortar a grama e a vegetação no meu jardim.
The rain forest is a nature preserve.
A floresta tropical é uma reserva natural.
I am allergic to pollen.
Eu sou alérgico ao pólen.
The orchid needs to bloom because I want to see its beautiful petals.
A orquídea precisa florescer porque quero ver suas lindas pétalas.
Is the nectar from the flower sweet?
O néctar da flor é doce?
Be careful because the plant stem can break very easily.
Tenha cuidado porque o caule da planta pode quebrar com muita facilidade.

Lake - Lago
Sea - Mar / **Ocean** - Oceano
Waterfall - Cachoeira
River - Rio / **Canal** - Canal / **Swamp** - Pântano
Mountain - Montanha / **Hill** - Morro / **Cliff** - Falésia/ **Peak** - Pico
Rainbow - Arco-íris
Clouds - Nuvens
Lightning - Relâmpago/ **Thunder** - Trovão
Rain - Chuva / **Snow** - Neve
Ice - Gelo/ **Hail** - Granizo
Fog - Nevoeiro / **Dew** - Orvalho
Wind - Vento/ **Air** - Ar
Dawn - Amanecer
Sunset - Pôr do sol / **Sunrise** - Nascer do sol

There is a rainbow above the waterfall.
Há um arco-íris acima da cachoeira.
The ocean is bigger than the sea.
O oceano é maior que o mar.
From the mountain, I can see the river.
Da montanha, eu posso ver o rio.
Today we hope to see snow.
Hoje esperamos ver neve.
There aren't any clouds in the sky.
Não há nuvens no céu.
I see the lightning from my window.
Eu vejo o raio da minha janela.
I can hear the thunder from outside.
Eu posso ouvir o trovão do lado de fora.
I want to see the sunset from the hill.
Eu quero ver o pôr do sol da colina.
The lake has a shallow part and a deep part.
O lago tem uma parte rasa e uma parte profunda.
I don't like the wind.
Eu não gosto do vento.
The air on the mountain is very clear.
O ar na montanha é muito claro.
Every dawn, there is dew on the leaves of my plants.
Todo amanhecer, há orvalho nas folhas das minhas plantas.
Is this ice or hail?
Isso é gelo ou granizo?
I can see the volcano.
Eu posso ver o vulcão.

Sky - Ceu
World - Mundo / **Earth, ground** - Terra
Sun - Sol / **Moon** - Lua / **Crescent** - Crescente / **Full moon** - Lua cheia
Star - Estrela / **Planet** - Planeta
Fire - Fogo
Heat - Calor / **Humidity** - Humidade
Field - Campo / **Soil** - Solo
Agriculture - Agricultura / **Weeds** - Ervas daninhas
Island – Ilha / **Cave** - Caverna
Park - Parque / **National park** - Parque Nacional
Rock - Rocha / **Stone** - Pedra
Sea shore - Beira-mar / **Seashell** - Concha
Horizon - Horizonte
Ray - Raio
Dry - Seco / **Wet** - Molhado
Deep - Profundo / **Shallow** - Raso
A stick - Um pau
Dust - Poeira

The moon and the stars are beautiful in the night sky.
A lua e as estrelas são lindas no céu noturno.
The earth is a planet, and the sun is a star.
A terra é um planeta e o sol é uma estrela.
The heat today is unbearable.
O calor hoje é insuportável.
At the beach there is fresh air.
Na praia há ar fresco.
I want to sail to the island to see the sunrise.
Eu quero navegar para a ilha para ver o nascer do sol.
Parts of the cave are dry and other parts are wet.
Partes da caverna estão secas e outras partes estão molhadas.
We live in a beautiful world.
Vivemos em um mundo bonito.
There is dust from the fire in the park.
Há poeira do fogo no parque.
I want to collect seashells from the seashore.
Eu quero colher conchas do mar.
There are too many rocks in the soil so it's impossible to use this area as a field for agricultural purposes.
Há muitas rochas no solo, por isso é impossível usar essa área como campo para fins agrícolas.
Why are there so many weeds growing by the swamp?
Por que existem tantas ervas daninhas crescendo no pântano?

ANIMALS - ANIMAIS

Pet - Animal de estimação
Cat - Gato / **Dog** - Cão / cachorro
Parrot - Papagaio
Pigeon - Pombo
Pig - Porco
Sheep - Ovelha
Cow - Vaca / **Bull** - Touro
Donkey - Burro / **Horse** - Cavalo
Camel - Camelo
Mammal - Mamífero
Rodent - Roedor / **Mouse** - Comundongo / **Rat** - Una rata
Rabbit – Coelho / **Squirrel** - Esquilo
Hamster - Hámster
Duck - Pato / **Goose** - Ganso / **Turkey** - Peru
Chicken - Frango, **(m)** franga/ **Poultry** - Aves

I have a dog and two cats.
Eu tenho um cachorro e dois gatos.
There is a bird on the tree.
Há um pássaro na árvore.
I want to go to the zoo to see the animals.
Eu quero ir ao zoológico para ver os animais.
My daughter wants a pet horse.
Minha filha quer um cavalo de estimação.
A pig, a sheep, a donkey, and a cow are considered farm animals.
Um porco, uma ovelha, um burro e uma vaca são considerados animais de fazenda.
I want a hamster as a pet.
Eu quero um hamster como animal de estimação.
A camel is a desert animal.
Um camelo é um animal do deserto.
Can I put ducks, geese, and turkeys inside my chicken coop?
Posso colocar patos, gansos e perus dentro do meu galinheiro?
We have rabbits and squirrels in our patio.
Temos coelhos e esquilos em nosso pátio.
It's cruel to keep a parrot inside a cage.
É cruel manter um papagaio dentro de uma gaiola.
There are many pigeons in the city.
Existem muitos pombos na cidade.
Mice and rats are rodents.
Comundongo e ratos são roedores.

Lion - Leão
Hyena - Hiena
Leopard – Leopardo / **Panther** – Pantera / **Cheetah** - Chita
Elephant - Elefante
Rhinoceros - Rinoceronte
Hippopotamus - Hipopótamo
Bat - Morcego
Fox - Raposa / **Wolf** - Lobo
Weasel - Doninha
Bear - Urso
Tiger - Tigre
Deer - Cervo
Monkey - Macaco / **(f)** macaca
Sloth - Preguiça
Marsupial - Marsupial

There are a lot of animals in the forest.
Há muitos animais na floresta.
The most dangerous animal in Africa is not the lion, it's the hippopotamus.
O animal mais perigoso da África não é o leão, é o hipopótamo.
A wolf is much bigger than a fox.
Um lobo é muito maior que uma raposa.
Are there bears in this forest?
Existem ursos nesta floresta?
Bats are the only mammals that can fly.
Os morcegos são os únicos mamíferos que podem voar.
It's usually very difficult to see leopards in the wild.
Geralmente é muito difícil ver leopardos na natureza.
Cheetahs are common in certain regions of Africa.
Chitas são comuns em certas regiões da África.
Elephants and rhinoceroses are known as very aggressive animals.
Elefantes e rinocerontes são conhecidos como animais muito agressivos.
I saw a hyena and a panther at the safari yesterday.
Ontem vi uma hiena e uma pantera no safari.
The largest member of the cat family is the tiger.
O maior membro da família dos gatos é o tigre.
Deer hunting is forbidden in the national park.
A caça aos cervos é proibida no parque nacional.
There are many monkeys on the branches of the trees.
Existem muitos macacos nos galhos das árvores.
An opossum isn't a rat but it's a marsupial just like the kangaroo.
Um gambá não é um rato, mas é um marsupial como o canguru.

Bird - Pássaro
Crow - Corvo
Stork - Cegonha
Eagle - Águia**/ Vulture** - Abutre
Owl - Coruja
Peacock - Pavão
Reptile - Réptil
Turtle - Tartaruga
Snake - Cobras / serpente / **Lizard** - Lagartixa, lagarto / **Crocodile** - Jacare
Frog - Rã
Seal - Foca / **Otter** - Lontra
Whale - Baleia**/ Dolphin** - Golfinho
Fish - Peixe
Shark - Tubarão
Wing - Asa / **Feather** - Pena
Tail - Cauda / rabo
Fur - Pele
Scales - Escama
Fins - Barbatanas
Horns – Chifres / **Claws** - Garras

Eagles and owls are birds of prey however vultures are scavengers.
Águias e corujas são aves de rapina, no entanto abutres são catadores.
Crows are very smart.
Os corvos são muito espertos.
I want to see the stork migration in Europe.
Eu quero ver a migração das cegonhas na Europa.
Don't buy a fur coat!
Não compre um casaco de pele!
Butterflies and peacocks are colorful.
Borboletas e pavões são coloridos.
Some snakes are poisonous.
Algumas cobras são venenosas.
Is that the sound of a cricket or a frog?
É o som de um grilo ou rã?
Lizards, crocodiles, and turtles belong to the reptile family.
Lagartos, jacarés e tartarugas pertencem à família dos répteis.
I want to see the fish in the lake.
Eu quero ver peixe no lago.
There was an otter in our canal last week.
Havia uma lontra em nosso canal na semana passada.
A whale is not a fish.
A baleia não é um peixe.

Insect - Inseto
A cricket - Um grilo
Ant - Formiga**/ Termite** - Cupim
A fly - Uma mosca **/ Butterfly** - Borboleta
Worm - Verme
Mosquito - Mosquito, pernilongo / **Flea** - Pulga **/ Lice** - Piolho
Beetle - Escaravelho / besouros
A roach - Uma barata
Bee - Abelha
Spider - Aranha**/ Scorpion** - Escorpião
Snail - Caracol
Invertebrates - Invertebrados
Shrimps – Camarões / **Clams** – Amêijoas / **Crab** - Caranguejo
Octopus - Polvo
Starfish - Estrela do mar
Jellyfish - Água-viva

An octopus has eight tentacles.
Um polvo tem oito tentáculos.
Jellyfish is a common dish in Asian culture.
A água-viva é um prato comum na cultura asiática.
The museum has a large collection of invertebrate fossils.
O museu possui uma grande coleção de fósseis de invertebrados.
I want to buy mosquito spray.
Eu quero comprar spray de mosquito.
I need antiseptic for my bug bites.
Preciso de anti-séptico para minhas picadas de insetos.
I hope there aren't any worms, ants, or flies in the bag of sugar.
Espero que não haja vermes, formigas ou moscas no saco de açúcar.
I have crabs and starfish in my aquarium.
Eu tenho caranguejos e estrelas do mar no meu aquário.
Certain types of spiders and scorpions can be dangerous.
Certos tipos de aranhas e escorpiões podem ser perigosos.
I need to call the exterminator because there are fleas, roaches, and termites in my house.
Preciso ligar para o exterminador porque há pulgas, baratas e cupins na minha casa.
Bees are very important for the environment.
As abelhas são muito importantes para o meio ambiente.
Is there a snail inside the shell?
Existe um caracol dentro da concha?
Beetles are my favorite insects.
Besouros são meus insetos favoritos.

RELIGION, CELEBRATIONS, & CUSTOMS
RELIGIÃO, FERIADOS, TRADIÇÕES

God - Deus / **Bible** – Bíblia / **Adam** - Adão / **Eve** - Eva
Old Testament - Antigo Testamento
New Testament - Novo Testamento
Garden of Eden - Jardim do Éden / **Heaven** - Céu / **Angels** - Anjos
Noah - Noé / **Ark** – Arca / **Holy** - Santo / **Faith** - Fé
To pray - Rezar / **Prayer** - Oração / **Blessing** - Bênção
Moses - Moisés / **Prophet** - Profeta / **Messiah** - Messias
Miracle – Milagro / **To bless** - Abençoar
Ten commandments - Dez mandamentos
Genesis - Gênesis / **Exodus** - Êxodo / **Leviticus** - Levítico
Numbers - Números / **Deuteronomy** - Deuteronômio

What is your religion?
Qual é sua religião?
Many religions use the chapel.
Muitas religiões usam a capela.
We have faith in miracles.
Temos fé em milagres.
When do I need to say the blessing?
Quando preciso dizer a bênção?
I must say a prayer for the holiday.
Devo fazer uma oração pelo feriado.
The angels came from heaven.
Os anjos vieram do céu.
Aaron, the brother of Moses, was the first priest.
Arão, o irmão de Moisés, foi o primeiro sacerdote.
The story of Noah's Ark and the flood is very interesting.
A história da Arca de Noé e o dilúvio é muito interessante.
Adam and Eve were the first humans and they lived in the Garden of Eden.
Adão e Eva foram os primeiros humanos e eles viveram no Jardim do Éden.
The Five Books of Moses are Genesis, Exodus, Leviticus, Numbers, and Deuteronomy.
Os cinco livros de Moisés são Gênesis, Êxodo, Levítico, Números e Deuteronômio.
Moses was considered as the prophet of all prophets.
Moisés foi considerado o profeta de todos os profetas.
My favorite book of the bible is the Book of Prophets.
Meu livro favorito da Bíblia é o Livro dos Profetas.

Christian Religion - Religião Cristã
Church - Igreja/ **Cathedral -** Catedral / **Monastery -** Mosteiro
Catholic - Católico, **(f)** Católica / **Christian -** Cristão, **(f)** Cristã
Christianity - Cristianismo/ **Catholicism -** Catolicismo
Jesus - Jesus / **A cross -** Uma cruz
Holy - Santo / **Holy water -** Água benta /**Priest -** Padre
To sin - Pecar / **A sin -** Um pecado
Christmas - Natal / **Christmas tree -** Árvore de Natal
New Year - Ano Novo/ **Merry Christmas -** Feliz Natal
Christmas eve - Noite de Natal
Easter – Páscoa
Saint - Santo, **(f)** Santa / **Nun -** Freira / **Chapel -** Capela
Hell - Inferno / **Devil -** Diabo / **Demons -** Demônios

The church is open today.
A igreja está aberta hoje.
Christians love to celebrate Christmas.
Os cristãos adoram celebrar o Natal.
I need to turn on the lights on my Christmas tree for Christmas Eve.
Preciso acender as luzes da minha árvore de Natal na véspera de Natal.
Two more weeks until Easter.
Mais duas semanas até a Páscoa.
The nuns live in the monastery.
As freiras moram no mosteiro.
Jesus is the son of God.
Jesus é o filho de Deus.
I have a gold necklace with a cross.
Eu tenho um colar de ouro com uma cruz.
The priest read the Holy Bible in front of the congregation.
O padre leu a Bíblia Sagrada em frente à congregação.
I went to pray in the cathedral.
Fui rezar na catedral.
Merry Christmas and Happy New Year to all my friends and family.
Feliz Natal e Feliz Ano Novo a todos os meus amigos e familiares.
Peter is a famous saint in Christianity.
Pedro é um santo famoso no cristianismo.
The priest baptized the baby in the blessed holy water.
O padre batizou o bebê na abençoada água benta.
The devil and the demons are from hell.
O diabo e os demônios são do inferno.
Many schools refuse to teach evolution.
Muitas escolas se recusam a ensinar evolução.

Jew - Judeu/ **(f)** Judia / **Judaism** – Judaísmo / **Synagogue** - Sinagoga
Hanukkah – Chanucá / **Menorah** – Menorá / **Dreidle** - Pião
Passover - Páscoa
Kosher - Kosher
Circumcision - Circuncisão
Goblet - Cálice/ **Wine** - Vinho
Religious - Religioso / **(f)** religiosa
Monotheism - Monoteísmo
Islam – Islã / **Muslim** - Muçulmano/
Mohammed – Mohamed / **Mosque** - Mesquita
Hindu - Hindú / **Buddhist** - Budista
Temple - Templo

The Jews worship at the synagogue.
Os judeus adoram na sinagoga.
The Bible is a holy book which tells the story of the Jewish nations and includes many miracles.
A Bíblia é um livro sagrado que conta a história das nações judaicas e inclui muitos milagres.
In Judaism, they pray three times a day. Morning prayer, afternoon prayer, and evening prayer.
No judaísmo, eles oram três vezes por dia. Oração da manhã, da tarde e da noite.
Where is the goblet of wine for Rosh Hashana?
¿ Onde está o cálice de vinho para Rosh Hashana?
The three forefathers are Abraham, Isaac, and Jacob.
Os três antepassados são Abraão, Isaque e Jacó.
I have a menorah and a dreidel for Chanukah.
Eu tenho uma menorá e um pião para Chanucá.
Passover is my favorite holiday.
Páscoa é o meu feriado favorito.
We welcome the Sabbath by lighting candles.
Congratulamo-nos com o sábado acendendo velas.
I want to keep kosher.
Eu quero continuar kosher.
To learn about the Holocaust and the concentration camps is very important.
Aprender sobre o Holocausto e os campos de concentração é muito importante.
Muslims worship at the mosque.
Os muçulmanos adoram na mesquita.
In Islam you must pray five times a day.
No Islã, você deve orar cinco vezes por dia.

WEDDING AND RELATIONSHIP
CASAMENTO E RELACIONAMENTO

Wedding - Casamento
Wedding hall - Salão de casamento
Married - Casado
Civil wedding - Casamento civil
Bride - Noiva
Groom - Noivo
Ceremony - Cerimônia
Reception hall - Salão de recepção
Chapel - Capela
Engagement - Noivado
Engagement ring - Anel de noivado
Wedding ring - Aliança
Anniversary - Aniversário
Honeymoon - Lua de mel
Fiancé - Noivo / **(f)** Noiva
Husband - Marido / esposo
Wife - Mujer/ esposa

They are finally married so now it's time for the honeymoon.
Eles finalmente se casaram, agora é hora da lua de mel.
When is the wedding?
Quando é o casamento?
We are having the service in the chapel and the reception in the wedding hall.
Estamos recebendo o serviço na capela e a recepção no salão do casamento.
Our anniversary is on Valentine's Day.
Nosso aniversário é no dia dos namorados.
This is my engagement ring and this is my wedding ring.
Este é o meu anel de noivado e este é a minha aliança de casamento.
He decided to propose to his girlfriend. She said "yes" and now they are engaged.
Ele decidiu propor a sua namorada. Ela disse que sim e agora eles estão noivos.
He is my fiancé now. Next year he will be my husband.
Ele é meu noivo agora. No próximo ano ele será meu marido.
There are three civil weddings at the courthouse today.
Hoje tem três casamentos civis no tribunal.
The bride and groom received many presents.
Os noivos receberam muitos presentes.

Valentine day - Dia dos namorados
Love - Amor **/ To love -** Amar
In love - Apaixonado
Romantic - Romântico
Darling - Querida
A date - Encontro amoroso
Relationship - Relacionamento
Boyfriend - Namorado
Girlfriend - Namorada
To hug - Abraçar/ **A hug -** Um abraço
To kiss - Beijar/ **A kiss -** Um beijo
Single - Solteiro/ **(f)** solteira
Divorced - Divorciado / **(f)** divorciada
Widow - Viúvo / **(f)** viúva

I am in love with him.
Eu estou apaixonada por ele.
You are very romantic.
Você é muito romântico.
They have a very good relationship.
Eles têm um relacionamento muito bom.
I am single because I divorced my wife.
Sou solteiro porque me divorciei de minha esposa.
She is my darling and my love.
Ela é minha querida e meu amor.
I want to kiss you and hug you in this picture.
Eu quero te beijar e te abraçar nesta foto.

POLITICS - POLÍTICA

Flag - Bandeira
National anthem - Hino nacional
Nation - Nação
National - Nacional
International - Internacional
Local - Local
Patriot - Patriota
Symbol - Símbolo
Peace - Paz
Treaty - Tratado
State - Estado
County - Condado
Country - País
Century - Século
Annexation - Anexoção
Plan - Plano
Strategic - Estratégico
Decision - Decisão

This is a political movement which has the support of the majority.
Este é um movimento político que tem o apoio da maioria.
This flag is the national symbol of the country.
Esta bandeira é o símbolo nacional do país.
This is all politics.
Isso é tudo política.
There is a difference between state law and local law.
Há uma diferença entre a lei estadual e a lei local.
He is a patriot of the nation.
Ele é um patriota da nação.
Most countries have a national anthem.
A maioria dos países possui um hino nacional.
This is a political campaign to demand independence.
Esta é uma campanha política para exigir independência.
The annexation plan was a strategic decision.
O plano de anexação foi uma decisão estratégica.

Legal - Jurídico
Law - Lei
Illegal - Ilegal
International law - Direito internacional
Human rights - Direitos humanos
Punishment – Castigo / **Torture** - Tortura
Execution - Execução
Spy - Espião
Amnesty - Anistia
Political asylum - Asilo político
Republic - República
Dictator - Ditador
Citizen - Cidadão
Resident - Residente
Immigrant - Imigrante
Public – Público / **Private** - Privado
Racism - Racismo
Government - Governo
Revolution - Revolução
Civilian - Civil
Population - População
Socialism – Socialismo / **Communism** - Comunismo

In which county is this legal?
Em que condado isso é legal?
There were many protests and riots today.
Hoje houve muitos protestos e motins.
The civilian population wanted a revolution.
A população civil queria uma revolução.
The politicians want to ask the president to give the captured spy amnesty.
Os políticos querem pedir ao presidente que dê anistia ao espião capturado.
Although he was the brutal dictator of the republic, in private he was a nice person.
Embora ele fosse o ditador brutal da república, em particular ele era uma pessoa legal.
In some countries torture and execution is a common form of punishment.
Em alguns países, tortura e execução são uma forma comum de punição.
This is a violation of human rights and international law.
Isso é uma violação dos direitos humanos e do direito internacional.
Communism and socialism were popular in the 19th century.
O comunismo e o socialismo eram populares no século XIX.

President - Presidente
Statement - Declaração
Presidential - Presidencial
Election - Eleição
Poll - Enquete
Campaign - Campanha
Candidate - Candidato
Democracy - Democracia
Movement - Movimiento
Politician - Político
Politics - Política
Campaign - Campanha
To vote - Votar
Majority - Maioria
Independence - Independência
Party - Partido
Veto - Veto
Impeachment - Destituição
Vice president - Vice presidente
Defense Secretary - Secretário de Defesa
Prime minister - Primeiro ministro
Interior minister - Ministro do Interior
Exterior minister - Ministro do Exterior
Convoy - Comboio

They want to appoint him as defense minister.
Eles querem indicá-lo como ministro da Defesa.
Both parties want to veto the impeachment inquiry.
Ambas as partes querem vetar o inquérito de destituição.
I want to see the presidential convoy.
Eu quero ver o comboio presidencial.
In some countries other than the United States, they have a prime minister, interior minister, and exterior minister.
Em alguns países, exepto os Estados Unidos, eles têm um primeiro-ministro, ministro do Interior e ministro do Exterior.
I want to meet the president and the vice president today.
Eu quero conhecer o presidente e o vice-presidente hoje.
I want to go to the election polls to vote for the new candidate.
Quero ir às urnas para votar no novo candidato.
We support democracy and are against fascism and racism.
Apoiamos a democracia e somos contra o fascismo e o racismo.

United Nations - Nações Unidas
Condemnation - Condenação
United States - Estados Unidos
European Union - União Europeia
Coup - Golpe de estado
Treason - Traição
Fascism - Fascismo
Resistance - Resistência
Members - Membros
Captured - Capturado
Ambassador - Embaixador
Embassy – Embaixada **/ Consulate -** Consulado
Biased - Tendenciosola
Unilateral - Unilateral
Bilateral - Bilateral
Resolution - Resolução
Rebels - Rebeldes
Sanctions - Sanções

All the members of the resistance were accused of treason and had to ask for political asylum.
Todos os membros da resistência foram acusados de traição e tiveram que pedir asilo político.
The resolution is biased.
A resolução é tendenciosa.
This was an official condemnation.
Esta foi uma condenação oficial.
The United Nations is located in New York.
As Nações Unidas estão localizadas em Nova York.
I am a United States citizen and a resident of the Brazil.
Eu sou um cidadão dos Estados Unidos e um residente da Brasil.
The ambassador's residence is located near the embassy.
A residência do embaixador fica perto da embaixada.
I need the phone number and address of the consulate.
Eu preciso do número de telefone e endereço do consulado.
Are consular services available today?
Os serviços consulares estão disponíveis hoje?
The international peace treaty needs to include both sides.
O tratado internacional de paz precisa incluir os dois lados.
According to the government, the rebels carried out an illegal coup.
Segundo o governo, os rebeldes realizaram um golpe de estado ilegal.
They must impose sanctions against that country.
Eles devem impor sanções contra esse país.

MILITARY - MILITAR

Army - Exército / **Armed forces** - Forças armadas
Soldier - Soldado / **Troops** - Tropas / **A force** - Uma força
Navy – Marinha / **Ground forces** - Forças terrestres
War - Guerra
Base - Base / **Headquarter** - Sede
Intelligence - Inteligência
Ranks - Classificações
Sergeant - Sargento / **Lieutenant** - Tenente
The general - O general / **Commander** - Comandante / **Captain** - Capitão
Chief of Staff - Chefe de Gabinete
Enlistment - Alistamento / **Reserves** - Reservas
Terrorism - Terrorismo / **Terrorist** - Terrorista / **Insurgency** - Insurgência
Border crossing - Passagem de fronteira
Refugee - Refugiado / **Camp** - Campo

I want to enlist in the military.
Eu quero me alistar nas forças armadas.
This is a base for military aircraft only.
Esta é uma base apenas para aeronaves militares.
That is the headquarters of the enemy.
Essa é a sede do inimigo.
The Air Force is a branch of the military.
A Força Aérea é um ramo das forças armadas.
They need to enlist reserve forces for the war.
Eles precisam recrutar forças de reserva para a guerra.
Welcome to the border crossing.
Bem-vindo à passagem de fronteira.
Military intelligence relies on important sources of information to provide direction and guidance.
A inteligência militar depende de importantes fontes de informação para fornecer orientação e direção.
The chief of staff was the target of a failed assassination attempt.
O chefe de gabinete foi alvo de uma tentativa fracassada de assassinato.
The sniper killed the highest-ranking lieutenant.
O atirador matou o tenente de mais alta patente.
The terrorist group claimed responsibility for the car-bomb attack at the refugee camp.
O grupo terrorista assumiu a responsabilidade pelo ataque com carro-bomba no campo de refugiados.
It's impossible to defeat terrorism because it's an ideology.
É impossível derrotar o terrorismo porque é uma ideologia.

Air strike - Ataque aéreo **/ Air force** - Força aérea
Fighter jet - Avião de combate / **Military aircraft** - Aeronave militar
Drone - Drone/ **Stealth technology** - Tecnologia furtiva
Tank - Tanque / **Submarine** - Submarino
Explosion - Explosão
Weapon - Arma / **Grenade** - Granada / **Mine** - Mina/ **Bomb** - Bomba
Sniper - Atirador de elite/ **Gun** - Arma/ **Rifle** - Espingarda, rifle
Bullet - Bala **/ Ammunition** - Munição
Missile - Míssil/ **Mortar** - Argamassa
Anti tank missile - Misil antitanque /**Anti aircraft missile** - Míssil antiaéreo
Shoulder fire missile - Míssil de tiro ao ombro
Artillery - Artilharia/ **Artillery shell** - Artilharia
Precision guided missile - Míssil guiado de precisão
Ballistic missile - Míssil balístico **/ Atomic bomb** - Bomba atômica
Weapon of mass destruction - Arma de destruição em massa
Chemical weapon - Arma química
Flare system - Sistema de flare
Supply - Fornecimento/ **Storage** – Armazenamento / **Armor** - Armadura

The M-16 is a US-made rifle.
O M-16 é um rifle fabricado nos EUA.
The tank fired artillery shells.
O tanque disparou projéteis de artilharia.
Shoulder-fired missiles are extremely dangerous and are hard to defend against.
Mísseis de ombro são extremamente perigosos e difíceis de defender.
The flare system is meant as a defense against anti-aircraft missiles.
O sistema de flare é uma defesa contra mísseis antiaéreos.
The navy is able to intercept missiles.
A marinha é capaz de interceptar mísseis.
At the terrorist safe-house, guns, bullets, and grenades were found.
No esconderijo terrorista, foram encontradas armas, balas e granadas.
The coalition forces struck an enemy arms depot.
As forças da coalizão atingiram um depósito de armas inimigo.
An intense missile attack was carried out against the supply forces that resulted in many casualties.
Um ataque intenso de mísseis foi realizado contra as forças de suprimento que resultaram em muitas baixas.
The terrorist group fired ballistic missiles at the nuclear facility site.
O grupo terrorista disparou mísseis balísticos no local da instalação nuclear.
Atomic bombs and chemical weapons are weapons of mass destruction.
Bombas atômicas e armas químicas são armas de destruição em massa.

A target - Um alvo/ **To target** - Atingin o alvo
An attack - Um ataque / **To attack** – Atacar / **Intense** - Intenso
To shoot – Atirar / **Open fire** - Fogo aberto / **Fired** - Disparou
Assassination - Assassinato / **Assassin** – Assassino / **Enemy** - Inimigo
Reconnaissance - Reconhecimento / **To infiltrate** - Infiltrar
Exchange of fire - Troca de fogo
A cease fire - Um cessar-fogo / **Withdrawal** - Retirada
To defeat - Derrotar / **To surrender** - Render se
Victim - Vítima / **Injury** - Lesão/ **Wounded** - Ferida
Deaths - Mortes/ **Killed** - Mortos/ **To kill** - Matar
Prisoner of war - Prisioneiro de guerra
Missing in action - Desaparecidos em ação
Act of war - Ato de guerra / **War crimes** - Crimes de guerra
Defense - Defesa
Attempt – Tentativa / **Invasion** - Invasão

There is an invasion of ground forces.
Há uma invasão de forças terrestres.
The soldier wanted to open fire and shoot at the invading forces.
O soldado queria abrir fogo e atirar nas forças invasoras.
The bomb attack was considered an act of aggression and an act of war.
O ataque à bomba foi considerado um ato de agressão e um ato de guerra.
The reconnaissance drone managed to infiltrate deep within enemy territory.
O drone de reconhecimento conseguiu se infiltrar nas profundezas do território inimigo.
The airstrike targeted an ammunition storage site.
O ataque aéreo atingiu um local de armazenamento de munição.
The mortar attack and exchange of fire caused injuries and deaths on both sides.
O ataque com morteiros e a troca de tiros causaram ferimentos e mortes de ambos os lados.
First, we need to clear the mines.
Primeiro, precisamos limpar as minas.
The ceasefire agreement included the release of prisoners of war.
O acordo de cessar-fogo incluía a libertação de prisioneiros de guerra.
The army made a public statement to announce the withdrawal.
O exército fez uma declaração pública para anunciar a retirada.
There was a huge explosion as a result of the terrorist attack.
Houve uma enorme explosão como resultado do ataque terrorista.
The commander of the insurgency was accused of serious war crimes.
O comandante da insurgência foi acusado de graves crimes de guerra.
Several of the submarine sailors were missing in action.
Vários marinheiros do submarino estav`am desaparecidos em ação.

Conclusion

Hopefully, you have enjoyed this book and will use the knowledge you have learned in various situations in your everyday life. In contrast to other methods of learning foreign languages, the theory in this current usage is that ever-greater topics can be broached so that one's vocabulary can expand. This method relies on the discovery I made of the list of core words from each language. Once these are learned, your conversational learning skills will progress very quickly.

You are now ready to discuss sport and school and office-related topics and this will open up your world to a more satisfying extent. Humans are social creatures and language helps us interact. Indeed, at times, it can keep us alive, such as in war situations. You might find yourself in dangerous situations perhaps as a journalist, military personnel or civilian and you need to be armed with the appropriate vocabulary.

"This is a base for military aircraft only," you may have to tell some people who try to enter a field you are protecting, or know what you are being told when someone says to you, "Welcome to the border crossing." As a journalist on a foreign assignment, you may need to quickly understand what you are being told, such as "The sniper killed the highest-ranking lieutenant." If you are someone negotiating on behalf of the army, you may need to find another lieutenant very quickly. Lives, at times, literally depend on your level of understanding and comprehension.

This unique approach that I first discovered when using this method to learn on my own, will have helped you speak the Portuguese language much quicker than any other way.

Basic Grammatical Requirements of the Portuguese Language

Feminine and Masculine & Plural and Singular

In the Portuguese language, there are plural and singular words, as well as masculine and feminine words. For example, the article "the," for Portuguese words ending with an *a, e,* and *i,* will usually be deemed to be feminine, the article will usually be *a*. Nouns ending with an *o* will generally be masculine, and the article will usually be *o*. The article "the" in plural form is *os* for the masculine form, and *as* for the feminine form. "The boy" is *o (the) menino (boy)*. "The girl" is *a menina*, "the boys" is *os meninos*, and "the girls" is *as meninas*.

The conjugation of the article "a" (*um* and *uma*) is determined by masculine and feminine form: "a car" / *um carro* or "a house" / *uma casa*.

The conjugation for "this" (*esta, este, estes,* and *estas*) and "that" (*esse, essa, esses,* and *essas*). This, *este* is masculine, *este livro* ("this book"). Feminine is *esta,* for example, *esta casa* ("this house"). *Estes livros* ("these books") and *estas casas* ("these houses") are the plural forms. "That," *esse,* is masculine, *esse livro* ("that book"). Feminine is *essa, essa cadeira* ("that chair"). In plural, that is *esses livros* (these books) and *essas cadeiras* ("these chairs").

"Of" has singular and plural forms as well: *do* and *dos*.

Isso and *isto* are neuter pronouns, meaning they don't have a gender. They usually refer to an idea or an unknown object that isn't specifically named. For example, "that" is *isto*.

- *isto é* / "that is"
- *por isso* / "because of that"

"This" is *isto*.

- *isto esta bom* / "this is good"
- *o que é isto?* / "what is this?"

In regards to "my," singular and plural form exists as well as feminine and masculine. *Meu* is masculine, *minha* is feminine, *meus* is masculine plural, and *minhas* is feminine plural.

- "my chair" / *minha cadeira*
- "my chairs" / *minhas cadeiras*
- "my money" / *meu dinheiro*
- "my papers" / *meus papéis*

With regard to "your," *teu* (masculine) and *tua* (feminine), plural *teus* and *tuas*.

144

Example in masculine and feminine singular:
* *teu carro* / "your car"
* *your house* / "tua casa"

The plural *teus carros* and *tuas casas*.

Temporary and Permanent

The different forms of "is" are *é* and *está*. When referring to a permanent condition, for example, "she is a girl" / *ela é uma menina*, you use *é*. For temporary positions, "the girl is doing well today" / *a menina está muito bem hoje*, you use *está*.

"You are" / "are you" could mean *estas*, and it could also mean *tu eres*. An example of temporary position is "How are you today?" / *"Como você está?"* as well as "you are here" / *está aqui*.

Another example of permanent position is "are you Mexican?" / *você é Mexicano?* in addition to "You are a man!" / *você é um homem!*

* **"I am"—*estou* and *eu sou*.** *Eu sou* refers to a permanent condition: "I am Italian" / *eu sou Italiano*. Temporary condition would be "I am at the mall" / *estou no mall*.

* **"We are"—*somos* (permanent) and *estamos* (temporary).** *Nós somos brasileiros* / "we are Brazilian" and *nós estamos no parque* / "we are at the park."

* **"Are"—*são* (permanent) and *estão* (temporary).** *Eles são Chilenos* / "they **are** Chileans" and *eles estão no carro* / "they are in the car."

Synonyms and Antonyms

There are three ways of describing time.

Vez / *vezes*—"first time" / *primeira vez* or "three times" / *três vezes*

Tempo—"during the time of the dinosaurs" / *durante o tempo dos dinossauros*

Hora—"What time is it?" / *Que hora são?*

Que has four definitions.

"What"—*O que é isso?* / "What is this?"

"Than"—*Eu estou melhor que você* / "I am better than you"

"That"—"I want to say that I am near the house" / *eu quero dizer que estou perto da casa*

"I must" / "I have to"—*Tenho que*. The verb *ter*, "to have," whether it's in conjugated or infinitive form, if it's followed by another verb, then *que* must always follow.

For example: I have to swim now, *tenho que nadar agora.*

Deixar has two definitions.

"To leave"—*Eu quero deixar isto aqui* / "I want to leave this here." *Deixar* is "to leave" something, but when saying "to leave" as in "going," it's *sair,* for example, "I want to leave now" / *quero sair agora.*

"To allow"—*Deixar* could also mean to "allow."

There are two ways of describing "so."

"So"—*então.* Using it to replace "then." "So I need to know." / *Então preciso saber.*

"So"—*tão. Isso é tão distante.* / "This is so far."

Verb Conjugation in First Person

"I" / *Eu* before a conjugated verb isn't required. For example, *Eu preciso saber a data* / "I need to know the date" can be said *Preciso saber a data,* because *preciso* already means "I need," in conjugated form. Although saying *Eu* isn't incorrect! The same can also be said with *você* / *tu; ele* / *ela; nós; eles* / *elas,* in which they aren't required to be placed prior to the conjugated verb, but if they are, then it isn't wrong.

Combinação e contração

In Portuguese, certain words can connect, creating one syllable. For example, the article "the," in masculine form *o,* feminine form *a*:

In(em)+the(o)=no, in the car, no carro

em+a=na, in the house, na casa

In(em) and this(essa), em+essa; nessa; In this house, nessa casa

In this car; em+esse; nesse carro

em+este = neste; neste carro

em+esta = nesta casa

In(em) his(ele) = nele; in his car, nele carro

In(em) her(ela) = nela; in her house, nela casa

Our house, **Nossa** *casa* / *Our car,* **Nosso** *carro*

His car, **de+ele** = *carro* **dele** / *her car, carro* **dela**

Their car, carro **deles** / *(fem) their car* / *carro* **delas**

Of and *this* can connect as well creating one syllable, **de**

+isso; *I need this, eu preciso* **disso**

de+esse; *from this side,* **desse** *lado*

de+esses; *these men,* **desses** *homes*

de+essas; *these women,* **dessas** *mulheres*

de+isso = **disto**

de+aqui = **daqui**

de+onde = **donde**

de+outro = **doutro**

Congratulations! Now You Are on Your Own!

If you merely absorb the required words in this book, you will then have acquired the basis to become conversational in Portuguese! After memorizing these words, this conversational foundational basis that you have just gained will trigger your ability to make improvements in conversational fluency at an amazing speed! However, in order to engage in quick and easy conversational communication, you need a special type of basics, and this book will provide you with just that.

Unlike the foreign language learning systems presently used in schools and universities, along with books and programs that are available on the market today, that focus on *everything* but being conversational, *this* method's sole focus is on becoming conversational in Portuguese as well as any other language. Once you have successfully mastered the required words in this book, there are two techniques that if combined with these essential words, can further enhance your skills and will result in you improving your proficiency tenfold. *However*, these two techniques will only succeed *if* you have completely and successfully absorbed these required words. *After* you establish the basis for fluent communications by memorizing these words, you can enhance your conversational abilities even more if you use the following two techniques.

The first step is to attend a Portuguese language class that will enable you to sharpen your grammar. You will gain additional vocabulary and learn past and present tenses, and if you apply these skills that you learn in the class, together with these words that you have previously memorized, you will be improving your conversational skills tenfold. You will notice that, conversationally, you will succeed at a much higher rate than any of your classmates. A simple second technique is to choose Portuguese subtitles while watching a movie. If

148

you have successfully mastered and grasped these words, then the combination of the two—those words along with the subtitles—will aid you considerably in putting all the grammar into perspective, and again, conversationally, you will improve tenfold.

Once you have established a basis of quick and easy conversation in Portuguese with those words that you just attained, every additional word or grammar rule you pick up from there on will be gravy. And these additional words or grammar rules can be combined with the these words, enriching your conversational abilities even more. Basically, after the research and studies I've conducted with my method over the years, I came to the conclusion that in order to become conversational, you first must learn the words and *then* learn the grammar.

The Portuguese language is compatible with the mirror translation technique. Likewise, with *this* language, you can use this mirror translation technique in order to become conversational, enabling you to communicate even more effortlessly. Mirror translation is the method of translating a phrase or sentence, word for word from English to Portuguese, by using these imperative words that you have acquired through this program (such as the sentences I used in this book). Latin languages, Middle Eastern languages, and Slavic languages, along with a few others, are also compatible with the mirror translation technique. Though you won't be speaking perfectly proper and precise Portuguese, you will still be fully understood and, conversation-wise, be able to get by just fine.

NOTE FROM THE AUTHOR

Thank you for your interest in my work. I encourage you to share your overall experience of this book by posting a review. Your review can make a difference! Please feel free to describe how you benefited from my method or provide creative feedback on how I can improve this program. I am constantly seeking ways to enhance the quality of this product, based on personal testimonials and suggestions from individuals like you. In order to post a review, please check with the retailer of this book.

Thanks and best of luck,
Yatir Nitzany